30分钟学创业

手把手教你解决7大核心问题

姚茂敦　杜春翔▸著

扫码获取
- 大咖课程
- 专家咨询
- 创友社群
- 欢乐抽奖

SPM 南方传媒 | 广东经济出版社

·广州·

图书在版编目（CIP）数据

30分钟学创业：手把手教你解决7大核心问题 / 姚茂敦，杜春翔著. —广州：广东经济出版社，2022. 6

ISBN 978-7-5454-8140-2

Ⅰ. ①3… Ⅱ. ①姚… ②杜… Ⅲ. ①创业—企业管理 Ⅳ. ①F272.2

中国版本图书馆CIP数据核字（2021）第252328号

责任编辑：蒋先润
责任技编：陆俊帆

30分钟学创业：手把手教你解决7大核心问题
30 FENZHONG XUE CHUANGYE：SHOUBASHOU JIAO NI JIEJUE 7 DA HEXIN WENTI

出版人	李　鹏
出　版 发　行	广东经济出版社（广州市环市东路水荫路11号11～12楼）
经　销	全国新华书店
印　刷	广东鹏腾宇文化创新有限公司 （珠海市高新区唐家湾镇科技九路88号10栋）
开　本	730毫米×1020毫米　1/16
印　张	13. 5
字　数	191千字
版　次	2022年6月第1版
印　次	2022年6月第1次
书　号	ISBN 978-7-5454-8140-2
定　价	48. 00元

图书营销中心地址：广州市环市东路水荫路11号11楼
电话：（020）87393830　邮政编码：510075
如发现印装质量问题，影响阅读，请与本社联系
广东经济出版社常年法律顾问：胡志海律师

前言

Foreword

给你想要的创业指引

改革开放40多年来，中国经济总量已跃升为全球第二，共享经济、外卖闪送、直播带货等新的经济业态层出不穷，“双创”（大众创业，万众创新）的春风吹遍神州大地，有关创业的话题越来越火热。其中，辞职下海者有之，大学生创业者有之，家庭主妇创业者有之……尽管当今世界并不太平，近几年的全球经济亦先后遭遇各种冲击，但整体来看，我们确实赶上了创业的好时机：拥有足够大的内需市场，素质越来越高的人才储备，日新月异的新兴科技，等等。由此，创业成为更多人摆脱平庸、实现人生价值和财富自由的有效方式之一。

回首过去几十年，作为“70后”尾巴上的一茬，我虽然不曾经历过父辈遭遇的种种苦难，但也有过穿补丁裤、交不起学费的诸多尴尬。我自小在农村长大，干过很多农活，包括放牛、耕地、插秧、打谷等，所以特别渴望走出西部的小山村，过上城里人的生活。那时，我的梦想简单朴素：日常生活中，不用从邻居那里借盐借油，过年有肉吃，偶尔有新衣服穿，这就是城里人的基本生活水平。如今，在脱贫攻坚取得全面胜利的中国，人均GDP（国内生产总值）已经突破1万美元大关，就算是最普通的家庭，生活质量也比当初我那简单朴素的梦想要高出很多。

幸运的是，在家人的支持和自己的努力下，我如愿考上大学，顺利进入城市，毕业后定居在一座国际化大都市，先后从事过记者、编辑、广告业务员、自由撰稿人等工作。机缘巧合之下，还“触电”拍过电视剧，实现了所谓的跨界转身。不过，在所从事的工作或职业中，我最喜欢两个身份：作家和创业者。

先说作家。初中时代，我在地级市的一本文学刊物上发表了一首稚嫩的诗歌，由此写作的信心受到极大激励和提振，即便天资欠佳，但好在懂得天道酬勤的道理，于是大着胆子一路写下来，丝毫不敢懈怠，总算小有收获。在超过25年的写作时间里，创作的题材从最初的诗歌、散文、小小说，逐步扩展至投资理财、少儿财商、创业等领域，在《人民日报》《青年文摘》等权威媒体发表作品超过200万字，且先后出版了多本市场图书。我还成功加入了贵州省作家协会。

再说创业者。或许是性格的原因，过去10多年来，我的职业变化较多，除了换了多家上班的单位，还连续多次创业。2011年，我首次创业，成立了一家投资公司，主营现货交易。不幸的是，因为相关部门实施行业整顿，业务没法开展，不得已注销了公司。第一次创业虽然没亏多少钱，但显然是失败的；2017年，顶着家人的压力，我从收入不错的报社辞职，开始再一次创业，投资入股一家文化公司，成功创立了一个新品牌，策划了一批受到市场和读者欢迎的畅销书。总的来说，这一次创业算是获得了小的成功。

在多次创业过程中，我深刻感受到，作为启动资金量不大、背景不雄厚的小白创业者，要面对无处不在的重重困难和陷阱，要学习的知识实在太多了。

因为在创业过程中吃过大亏，也收获过喜悦，我深知，广大创业者急需一本翻开即可指引其实践的实操指南。基于以上因素，才有了这本《30分钟学创业：手把手教你解决7大核心问题》的问世。

本书共分七章，分别围绕做好准备、筛选商机、学会注册、组建团队、搞懂融资、领悟经营、识别风险7个方面展开讲解，而每个方面涉及的问题都是创业者必然经历和值得创业者高度重视的问题。全书摒弃空洞的理论讲解，突出实战，结合案例，让创业小白能够快速掌握开办公司的主要流程，尽可能地规避潜在风险，帮助创业者稳妥起步。

如果说只是读完一本书就能让你创业成功，显然是不现实的；但如果我积累的经验或遭遇过的教训能为广大创业者带去一点点帮助，让即将创业或正在创业的你少走一些弯路，把主要精力放在战略规划和业务开拓上，早日实现自己的创业梦想，也算是幸事一件。

需要指出的是，由于笔者水平有限，本书肯定还有不尽完善之处，希望读者不吝赐教，给予批评指正，以便再版时进行修订。

创业是一种信念，更是一种责任。当你有了创业的梦想，做好了充分的心理准备并已有清晰的创业方向，那就大胆去干吧！

走出第一步，你有可能失败，但离成功肯定越来越近。如果不走出第一步，你肯定不会失败，但却始终离成功很远！

姚茂敦
2022年春

本书特配【创业小白训练营】数字资源
从零开始学创业

——扫描本书二维码，获取正版专属资源——

01　智能阅读向导为创业的你严选以下专属服务

【大咖课程】培养你的创业思维，助力你精准创业

【专家咨询】本书作者在线解答你遇到的创业难题

【趣味测试】你适合在哪个赛道创业？测试给你答案

【创友社群】创业者聚集地，一起分享交流创业经验

【欢乐抽奖】为回馈读者的厚爱，设置多项免费奖品

【行业洞察】在线查报告，及时掌握各行业发展动向

【创业天地】为你详细解读国家及各地方的创业政策

√参与线上**【阅读打卡】**　　√拍照记录**【读书笔记】**

02　操作步骤指南

第一步　微信扫描下方二维码，选取所需资源

第二步　如需重复使用，可再次扫码或将其添加到微信“收藏”

扫码添加智能阅读向导

助力创业小白从容创业

目 录
Contents

第一章

30分钟做好准备：创业必不可少的几样东西

心理：你是一个合格的创业者吗

创业，看起来只有短短的两个字，但包含的内容却涉及方方面面。首先，创业者要从心理方面做好准备，这是一个不可回避的问题。很多人，每当看到企业大佬意气风发的样子，或是身边的亲朋好友实现了财务自由，他们都会心痒难耐，摩拳擦掌，恨不得立即冲进商海遨游一番，但作为一个创业小白，你真的准备好了吗？

大手花钱很爽，游戏通关也很爽，但所有这些，在创业成就面前都不值一提，因为创业成就同时能满足你的物质和精神需求，这种满足是如此强大，令人着迷。当你想到自己即将开始一段伟大的人生旅程，你肯定会血脉偾张，万一创业成功了呢？是的，马云也说过："梦想还是要有的，万一实现了呢？"

不过，你必须明白一点，创业其实也是有较大心理压力的。这种压力可能来自你的资金的多寡，也可能来自你的亲友，你开始创业时与他们的关系可能存在冲突。当处理不好诸如此类的关系时，你就会面临来自心理的焦虑、沮丧、愤怒，会产生生理的心悸、消瘦甚至免疫力下降，头痛发烧也可能会找上你，甚至周围的人可能觉得你开始不可理喻。很显然，这个时候如何正确对待和释放心理压力至关重要。

案例

王城的家乡是南方一座小城，他在上海某大学硕士毕业后，一直在北京一家中型软件公司工作，日子也算得上是幸福舒适。在熟悉的生活节奏中，写写代码，偶尔加一下夜班，年近30岁的他竟已积累了百万资产。王城热爱极限运动，经常在工作闲余时间与有共同爱好的朋友聚会交流。前几年，他也谈过几次恋爱，但都没有修成正果，目前仍是单身一人，他也比较享受这种状态。

2019年初，因外公去世，王城回老家奔丧，顺便待了一段时间。这期间，他遭遇父母逼婚的压力，孝顺的他考虑到父母身体不太好，于是决定离职回老家发展。他认为，这样既能够陪伴父母，又能够干点自己喜欢的事，非常好。

在老家，王城入职了一家成立不久的小商贸公司，负责一个App的推广及维护，这份工作杂事不少，薪资又不高，结果3个月不到，王城就决定离职创业。

2019年8月，王城与两个喜欢极限运动的朋友共同投资成立了一家极限运动俱乐部，作为大股东，场馆设备弄好后手上资金告罄，开业3个月，俱乐部并未产生预期收益，甚至处于连续亏损状态，另外两个合作伙伴在俱乐部事务管理上也不给力，王城感觉自己陷入了绝望的旋涡。

不到半年时间，他出现了失眠、焦虑、暴躁、易怒等情况，好不容易结交的女友也提出了分手，朋友们都感觉他实在不可理喻，而更倒霉的是，他还在一次带团活动中，不幸小腿骨折，住院期间，他的情绪跌落到最低点。

幸运的是，出院后，王城的身体康复得比较快，事业也逐步走上正轨。2020年，虽然经历了新冠肺炎疫情，但在下半年，他的俱乐部营收却出现爆发式增长。

从上面的案例中，我们看到，以往的工作经验对于王城的创业似乎并无帮助。在创业项目选择上，你基于爱好和情感的选择并不一定能给你带来实际的优势，场景的转换和跨界往往意味着你要从零开始。在创业前只做着一份熟悉的工作时我们会如鱼得水，领着薪水，也不需要担心柴米油盐，那时我们只关心薪资和福利、休假时间的长短、业余生活的丰富和情调，而一旦开始创业，这一切都将不复存在。

当你开始用老板思维思考问题时，你首要关心的是收入的来源问题，这决定着你创业能否成功。如果你不具备营销推广和经营思维，你在第一个问题上就将面临创业的崩塌；其次，你得时刻关心团队的合作状态，如果你不具备管理思维，不能将团队的力量整合在一起，充分调动每个人的主观能动性，发挥出他们的潜力，你的事业也将裹足不前。最可怕的是，在现实生活中，我们从事的每一份事业往往很难一帆风顺，随时可能遭遇各类困难并需要去解决困难，这可以说是创业过程中的常态，如果你不能心平气和地去面对和化解，说不定哪一天你就会处于崩溃的边缘。

那么，面对创业初期的各种困难，我们应该怎么做呢？

一、树立正确的成败观

成功和失败是一对孪生兄弟，没有人注定会永远成功，也不会有人永远失败，俗话说“胜败乃兵家常事”，树立正确的成败观极为重要。

1. 不要害怕承认失败

对于决策者来说，失败是走向成功的必经之路，我们没必要为自己的错误决策开脱，事业刚刚开始便遭遇挫折固然令人沮丧，但这也是改进思路和提升能力的契机，过于担心团队或下属质疑你的能力和权威，害怕亲友笑话你选择的正确性，其实这些忧虑完全没有必要。

在美国苹果公司的发展历史上，有一则很有趣的往事。20世纪80年代，与乔布斯共同创立苹果公司的沃兹尼亚克，在苹果一号、二号个人电脑项目上取得了巨大成功，这两款个人电脑号称20世纪80年代初最佳的个人电脑。但乔布斯计划以Mac个人电脑项目，和沃兹尼亚克的项目进行竞争。虽然乔布斯当时竭力想开发出一款性能更先进、价格更便宜的个人电脑，但成果出来后，首代Mac电脑却是一款性能很糟糕的产品，成本还特别高。不过，合作伙伴沃兹尼亚克却评价说："第一款Mac电脑失败了，的确让人不爽，但是在我们的后续努力下，我们逐步修正了Mac电脑的错误，一步步培育出了新的个人电脑市场。"

这说明，即便是乔布斯这样的"大神"也不免有失败的案例。随后，乔布斯在苹果公司工作期间不断创造奇迹，由他主持开发了Mac、iPad、iPod、iTunes Store、iPhone等诸多知名数字产品。乔布斯于2011年去世，这位杰出的创业者曾经这样对年轻人说："从来没有哪个成功的人没有失败过或者犯过错误，相反，成功的人都是犯了错误后做出改正，并避免下次再犯同样的错误。"乔布斯的自身经历告诉我们，挫折并不可怕，重要的是积极应对挫折。

以积极乐观的心态去面对我们遇到的挫折，不害怕承认失败，这是一种创业必备的品质。对于管理者而言，如果他的决策有60%是正确的，而他又能迅速改掉40%的错误，那么他就已经是一个了不起的人了。成功的创业者都会直面自己的错误，并能从错误中找到改进和提升的办法，这是所有成功人士的共同特质。

现实中，很多创业者在面对失败的挫折时，往往习惯为自己寻找理由，将失败归咎于亲友的不支持、团队的不配合等，甚至会为自己的错误在团队中去寻找替罪羊，然后去训斥和责备他们，却不积极去进行反思和改进。这样造成的结果会很糟糕，它会破坏团队的进取心，使团队成员不敢承担责任，在工作中畏首畏尾，因为他们惧怕团队领导者的指责，这就使得团队成员再也不敢大胆地建言献策。

2. 要允许犯错并时刻总结教训

不犯同样的错误是创业团队的金科玉律。被业界誉为台湾地区“经营之神”的王永庆，从身无分文的农家子弟到成为亿万富豪，从不认识“塑料”二字到赫赫有名的塑料博士，成为业界著名的“世界塑料大王”，他的奋斗历程闻名于世。谈到经营成功之道，他说：“有人觉得失败是成功之母。但我认为，只有检讨失败才是成功之母，如果失败了不做检讨，就会继续犯同样的错误。”

当然，你的创业可能一开始就一帆风顺，你和你的创业团队挣到了令人骄傲的第一桶金，此时，你又该如何自处？我们应该为成功庆祝，这没有错，这是对自己努力的回报和福利，但请不要迷失在灯红酒绿中。拥有了良好的开端，这只是事业的开始。随后，我们最应该思考的问题是，将有用的经验归纳总结，并快速进行传达和发扬，同时也要反思，我们本可以做得更好的地方在哪里？我们的创业团队还有哪些不足呢？

二、保持一颗平常心

当我们的得失心重了，难免患得患失。创业伊始，我们给自己设定了一个经营目标，这个目标的依据可能并不精准，但至少是我们可能接近的目标，而事物的变化是动态的，它不会以我们的意志为转移，你可能判断有所偏差，对市场的各类实际困难估计不足，事实上多数创业者在创业初期对自己即将投身的事业总会持乐观态度，没有足够的心理准备为可能的失败去承担后果，以上这些都会蒙蔽我们的双眼，影响我们对事物的判断和思考，烦恼就会随之而来。

福祸总相依，时刻保持一颗平常心，会让人走得更远。俗话说“吃亏是福”，这并不是说失败吃亏是好事，而是能从失败吃亏中积累经验，避免下次遭遇同样的失败，这样才会有真正的福报。所以你需要在失败和挫折面前做到不计较、放得下，也就是保持一颗平常心。当我们身处逆境，能够放下当前的忧虑，冷静面对，不为杂念所困。而不是让你在心灵鸡汤中迷醉自己，甚至自暴自弃。平常心即智慧之心，它会让你对失败有更清醒的判断和认知。泰然处之，既能让你感悟生活的美好，也能让你积蓄前进的力量。

三、学会缓解心理压力

当你身处创业的奋斗环境中，未来的目标和方向在高强度的工作量与琐碎的事务中可能会被逐步消解，使你深感疲惫，这时如果不进行心理上的压力释放，会让你从最初的疲于应对，逐步变得暴躁易怒，最后可能会自我封闭甚至患上忧郁症。所以，学会缓解创业期间的心理压力也是非常重要的。

1. 暗示法调节心理

著名心理学家荣格在《焦虑与非理性的威胁》一书中谈道：“我们所有的焦虑，往往都是来自对未来的恐惧，我们总是会对自己所不能掌控的事物感到焦虑。”综合来说，心理压力之所以会产生，主要是自我压力调节失衡造成的。

也许，有的人天生具备坚强的意志和较强的自我压力调节能力，但更多的人则需要选准最佳时机，选择有意识地利用语言、动作、回忆、想象，以及周围环境中的各种物体对自己实施积极的暗示，这样既可以让你消除负面情绪，减缓心理紧张，还能使你的心理保持平静和愉快。在具体做法上，如果你的自我暗示是积极的，就可能带来积极的效果；反之，消极的自我暗示则可能带来消极效果。比如，在创业过程中，我们会不可避免地遇到各种挫折和逆境，此时，你应该不断地暗示自己，很多著名企业家在功成名就之前，即创业早期，一样遇到过类似的问题，他们能解决这些问题，自己一定也可以解决。要相信，很多困难是暂时的，就算一时半会儿没有找到好的解决办法，也不必气馁，更不要轻言放弃。

2.改变环境，换换心情

固定的环境会使人逐渐失去兴趣，进而引发一些心理问题。适当地变换一下环境，可以刺激人的自信心与进取心。例如，选择合适的时机到远方旅游，能够让人转移精力，寄托情感，排解不良情绪带来的种种困扰。

案例

作者有一位从事超市连锁经营的朋友老毕。2016年夏季，年仅40岁的他陷入中度忧郁症中，一度失眠严重到在健身房练到天亮，累得虚脱也无法入睡，到医院反复检查也没有发现什么大毛病，心理疏导也不见效果。因为无处释放压力，老毕经常找我喝酒聊天。

为了帮助他早日摆脱烦恼，我建议老毕去旅游或者换个环境与人沟通一下。于是，他开始每天跑到寺院去与僧人一起吃斋念佛，但经过一个多月的调理，仍未见明显好转。

2016年秋天，我正好有年假，于是陪着老毕去大理、丽江等地转了一圈。旅游半个月回来后，老毕的情况终于有所改善，逐渐回归正常。如今，他的超市经营得很好，家庭也幸福如初。

3. 音乐调节法放松心情

当创业者出现焦虑、紧张等不良心理情绪时，也可以试着听一听音乐，这就好比是做心理“按摩”。倾听优美动听的旋律，可以起到调适心理和转换情绪的良好作用，舒缓的音乐往往会让你紧张焦虑的情绪得以缓解，恢复到心情愉悦、放松的状态，有助于你重燃奋斗的激情。

4. 疏导调节法放松心情

当创业者情绪不佳时，也可以尝试着向知心朋友倾吐烦恼，或者选择去做一项自己喜欢的运动以舒缓压力：比如爬爬山，你不仅可以呼吸到新鲜空气，还可以宣泄抑郁之情。从我自己和身边做企业的朋友的日常经验来看，不建议你去喝酒，虽然通过喝酒这种宣泄方法对一部分人群确实有减压的效果，但对很多人来说，在混乱和迷醉中更容易增大工作压力，使得工作中的焦虑趋于恶性循环。

资源：最好是开业就有业务

许多人选择创业是基于自我工作经验的积累，或对之前所在行业影响因素有着清晰的认知。如果单凭直觉和勇气，就希望打拼出一片属于自己的事业蓝天，这类创业的风险是极大的。但如果你有创业能力作为基础，并有了新思路，在熟悉旧业务的同时，再创造新业务流程，从而开始创业，那么在创业伊始就会有业务了。

开业就有了业务，基于之前的工作经验积累和客户积累不失为最佳的创业初期优势，这有效解决了赚钱起点的问题。为什么会这样？

你有先进的商业模式构想，你比别人更努力，你的服务更具人性化，或是你选择的连锁加盟机构具备一流的影响力，或者你本人就是创业领域专业级的人才，你提供的服务具有前所未有的价值，你的产品具有先天创新的优势，以上这些都是你可能具有的优势资源，这会让你开业就有了业务。

具备了以上可能的资源，你需要制订一个与众不同的开业方案。就专业性比较强的业务而言，客户群的特殊性和专业性决定了这个圈层的存在，你的开业方案中只需要锁定这个圈层，做出精准的邀约和信息发布，开业时做好业务介绍和产品展示即可，这是你签单成交的关键。专业性业务的开业可以通过媒体的邀约发布从而实现信息最大化的传播，这样的活动策划需要邀请行业代表发言，本人做好业务介绍和开业致辞。另外，可以请专业策划人员来负责整个活动的执行，可以说，实现最大化传播是开业就有业务的关键。

在传统店面型业务的开业方案中，要注意如下几点：

第一，要了解行业的特点。结合你所从事的行业特点，你的调查了解要充分考虑目标人群所分布的范围、年龄特征等，这是决定你能否精准锁定客户目标的关键。

第二，要调查客户需求。你的目标客户所喜欢的，就是你要做的，如配合主营业务特征选择相应的小礼品和VIP券等，这样能引起相关促销活动与目标客户的互动，促使目标客户产生好感并促成业务成交。

第三，要了解目标客户的消费水平。这需要对准客户消费水平做具体分析，制定不同类型的消费套餐，分门别类地满足不同客户群的需要。

第四，精选策划开业活动的内容。如果你不具备优良的活动策划能力，可以选择专业的策划公司来干，专业人员策划的活动，可能更具有较强的表现力和吸引力。

成功的开业庆典离不开“五力”：展示力，实现产品的突显；促销力，推动销售盈利的关键；吸引力，用色彩和音像的组合给客户留下深刻的产品推广印象；销售力，营销人员在现场即时跟进并实现成交；关怀力，贴心的人文关怀会给客户留下深刻的服务印象。所以在开业方案中，向目标客户展现并传达这份关怀很关键，这是他们决定选择马上购买或二次复购的关键因素。

第五，大力宣传开业活动。无论你开展什么样的开业优惠活动都需要宣传，而有效地传达是实现开业就有业务的关键。无论在人流密集地区发放宣传单页，或通过自媒体发布信息，都需要提前给活动留下预热的时间，在社区型业务开业推广中，通过积攒点赞数领取礼品券等方式较为简单有效，能最大限度地达到宣传效果。

第六，亲朋好友的帮助不可忽视。俗话说“金杯银杯不如百姓口碑”，通过亲朋好友的介绍，能有效解决信任的问题，通过他们热心地宣传店面和产品，能促使快速实现成交，这是个不错的宣传方式。

第七，营造热闹非凡的氛围。在临街店面敲锣打鼓更能吸引顾客的注意。另外，开业日子及时间的选择也至关重要，需要充分考虑出行者和人流量的问题。

案例

小丽以前是一家酒楼的主管经理，经历了几年的职场历练后，对餐饮业有了一定的了解，于是决定自主创业。2020年10月1日，她在所居城市选址开了一家名为“鸡味鲜”的特色餐饮。从试营业开始，顾客盈门，人流不断，小丽喜出望外，可谁知半个月不到，却门可罗雀，生意一落千丈，经过核算，如果这样经营下去，连基本维护费用都赚不够。

小丽一下子感觉陷入了困境，弄不好数十万元的投资都将会打水漂。

如何突破困境？细思之后，小丽结合本地消费特点，精研菜品，既照顾到本地人的口味偏好，同时也考虑开放现场外卖，并改造门头，购进了一台烤炉，以烤鸡为外卖特色，以蘑菇炖鸡汤的独特健康膳养为店内堂食核心，同时兼营各种特色菜品。接下来，顾客逐日增多，到最后顾客非提前订座不可。而在外卖烤味窗口，飘香的味道让每到下班点时顾客都会排成长龙争相购买，这样一来，小丽只得将隔壁店也盘下来，扩大经营规模，并决定以原始店为核心建立“鸡味鲜”连锁经营模式。通过地方媒体及自媒体的联袂宣传，原始店升级为旗舰店，确立了业内特色餐饮的定位，深受业内外资本青睐，不久，连锁店签约便达6家。

从本案例可以看出，开业就有业务似乎是最理想的结果，但如果所选择的事业本身不具备优势，在传统行业竞争激烈的当下，确保能够杀出一条血路的，必将是你的特殊优势。

要注意的是，开业就有业务虽然是好事，但也有几个陷阱不得不防。

1. “杀熟”危机

开业伊始，亲友捧场及受开业气氛带动等原因会造成经营项目的短暂红火，但这不能说明项目本身就具有核心竞争力。短暂的“杀熟”火热后面，如果项目本身不具备独特的优势，后期经营依然可能举步维艰。

2. 忽视市场需求

试营业本身是一个适应市场并进行自身调整的过程，一切以满足客户需求为导向，只有锁定目标客户偏好，才能有针对性地打造出适应市场的核心竞争力。

3. 背离市场

万事开头难，设定的市场目标可能与你的预期有很大的差异，如何解决这种差异，并实现与市场的精准对接，是取得创业开门红的关键因素。

4. 浅尝辄止

有些创业还没真正开始就已经结束了，其创业者缺乏面对困难的勇气和坚持，遇到一点困难就放弃，成为理想的逃兵。如果开业时遇到困难就结束经营，而不去寻求解决问题的办法，不做分析总结，终将一事无成。

5. 抱残守缺

部分创业者遇到问题时不但不积极寻求解决办法，而且采取拖延、观望甚至回避的态度，其结果只能是使经营亏损加剧，最终黯然离场。

6. 准备不足

认真准备的起步意味着好的开头。比如做餐饮生意时精心选择一个好路段，能够让店面更接近你的准目标消费群；做超市生意时筹划一个郑重其事的开业仪式，认真地对团队进行培训，能够让你拥有一个良好的开始。反之，仓促开业，不认真筹划，走一步，看一步，则可能导致事业举步维艰。

资金：大干、中干还是小干

寻找资金是创业的基础，你到哪里寻找第一笔投资呢？华为作为耀眼全球的商业巨擘，我们看到的是它辉煌的现在，作为5G时代的领跑者，华为现有的通信专利占比超过全球现有领域的34%，然而，华为创始人任正非当年刚开始创业的时候，与老同事一起努力也只凑出了21000元，以代理业务起家。由此可见，资金多少，准备怎么干，与每一个创业者的实际情况有关，更与创业者的决心和当下将要挑战的创业项目目标密切相关。

第一桶金的积累总是充满了对机会的把握和判断，把握住机会点，努力实现第一桶金的积累并不困难。李嘉诚的第一桶金来自卖塑料花，小米公司的第一桶金是通过网络预售众筹，一切商业成功的背后都蕴含着创业者对机遇和趋势的准确把握，第一个吃螃蟹的人固然勇气可嘉，但模仿的人并不总是那么幸运。

有时候，距离创业目标的实现越来越近，你会发现，你将要从事的创业项目所需资金已经超出了自己的承受极限，这时你可以采取寻找合伙人、获得天使投资等多种方式来进行资金补充，这是准备大干。

寻找合伙人似乎显得更容易些，因为基于信任，你只需要说服信任你的志同道合的合作伙伴，也许你们之间只需要吃顿饭喝杯酒就决定了可以一起干。于是，你与合伙人一起明确了创业的方向，决定了出资的金额或相应的占股比例，明确了新的创业公司里每个人将要承担和扮演的角色，此时，你会发现每个人都有使不完的劲，你与伙伴们有着共同展望的明天，这是准备中干。

还有一种情况，大干和中干的条件都不成熟，而你已经看准了机会，确实不想就此错过。此时，你只能退而求其次，做好小干的准备。当然小干也有不同的干法，其中最常见的干法是，前期不贪大求全，先干起来再说，而后边干边想下一步怎么走。

展望美好前程，你与合伙人已经众筹了一定的资金，但对于启动规模宏大的创业项目，资金还是明显不够，你们陷入融资的困境中。这时，你与创业团队需要一起说服天使投资人参与到项目中来，投资人通常对项目可行性的评估很严苛也很专业，对股权比例的设定也很专业，同时也会评估创业团队的决心。如果创业团队没有足够的担当，即便项目前景可观，准备大干的条件仍然不足，天使投资人不会给你投一分钱，投资人评估项目团队的第一要素是：你们准备大干了吗？

没有拼尽全力不算大干，没有破釜沉舟的决心不算大干，只要心存侥幸，你和团队便不可能付出所有的心血。有观望，心存保留，甚至准备好了失败的退路，都不具备大干的决心，你不拼尽全力，谁也不会为你点赞喝彩，想要得到投资人的青睐也不可能。

案例

2019年，胡岩、李建和袁丹三位好友一起众筹了100万元开始创业，成立了一家名为“众商汇”的电子商务公司，他们选定以西南地区特色农副产品为核心产品，以原产地溯源产品为卖点，立足一、二线大城市社区开展农特产品推广。

这是一个具有庞大市场体系的可持续项目，从原产地S（supplier）端到C（customer）端，只需要建立现有B（business）端的共享客户群体，便可实现S端到C端的有效链接。通过近半年的考察准备，他们在原产地端建立了稳定的供货渠道，接下来需要选定商家进行分销业务，在传统分销商渠道上进行链接，让单一的分销商渠道享有平台海量原产地商品的共享销售平台。

从商业模式而言，其“跨界+”业务的思路颇具亮点，笃定是未来5G时代互联网商业共享平台的引领者，团队选定大连作为试点城市开始了分销商资源整合的推广。由于商业构思清晰，平台商踊跃加盟，但困难也在此时接踵而至：平台软件稳定性、安全性不够，需要持续投入开发资金；缺乏具有影响力的引流产品，需要寻找头部企业产品加入；终端客户拓展缓慢，达不到平台发展规划条件；资金规划满足不了平台需要，团队进行营销推广需要一定量的资金储备等。这一切问题的解决都需要资金，团队深感项目前景虽然广阔，但现阶段资金非常困难，于是准备开展融资计划，计划寻求风投资金的帮助。

2020年5月，经过几轮风投谈判失败后，团队开始自省：我们尽全力了吗？100万元启动资金在这个庞大的项目面前显然是杯水车薪，3位合伙人都有房产，但没有谁愿意用自己的房产去银行做抵押贷款，对风投而言，如果你都不拼尽全力，背水一战，谁都不会愿意为你出一分钱。从2020年8月开始，团队加大自筹资金，在3个城市的持续推广也初见成效，资金有所回笼，到8月末，有一家风投公司终于愿意出资3000万美元，并提出年末内花完后再协助启动B轮融资。

2021年2月，“众商汇”启动小程序，使很多原产地商品在许多一、二线城市也能轻易获取，很多上班族轻轻点动手指，下班后在小区门口便能拿到新鲜蔬菜、生活必需品、农特产品等。“众商汇”项目获得了一定的成功，未来前景亦更加广阔。

从本案例可以看出，无论是准备大干，还是中干或小干，项目目标设定非常重要。下面分别进行分析。

1. 小干

生意有大有小，伟大的跨国企业也是从0到1，逐步发展起来的。即便是准备小干，也需要充分衡量自身的风险承受能力，明确发展方向，选定主营业务。至于出资方式，个人投资或者合伙投资均可。小干投资小，风险相对也小，小生意认真打理，努力经营也可以成功。

2. 中干

中干需要更多的资金，设定相对比较大的经营目标，定位推广区域也相对较大，个人投资经营需要根据实际资金拥有情况进行分析，如果失败也能够承担相应的风险。创业路上，如果与志趣相投的合伙人一起创业的确是好事，这样可以分担经营风险和增强团队力量。但在股东合作经营中，责权利一定要明确，分工协作，才能使创业变成一件很有成就感的事。就管理而言，作为经营者也需要具备包容心和一定的管理能力，如果没有，合伙的结果就会变成相互观望，权责不明，最后导致互相推诿，从友情的合伙走向仇人式的退场。要想“三个和尚有水喝”，就需要制订完备的合伙计划。

第一，约定股权分配机制和退出机制。如果中途有股东退出，需要相应的解决办法。

第二，约定分红机制。团队中如果有人以技术和特殊技能入股，需要约定相应的分红方案。

第三，经营中谁具有最终决策权必须明确。当日常需要对外发声的时候，决策者只能有一人。团队需要选定谁来担任总经理，代表合伙股东行使经营决策，遇到重大的决策事项则需要召开股东会议决定。

第四，完善财务机制。建立完备的财务核算系统，清楚资金的流向、投资和收益事项，合理进行成本管控。合伙经营最忌讳公私财务不分，收支模糊，股东占用公共资源等情形，这是造成内部权责不明，最后公司分崩离析的主要原因。

第五，相互包容。人无完人，要做到相互理解、求同存异。意见分歧是常态，包容也会变成常态，分歧要通过沟通来解决。一旦决策确认，团队就要百分之百地去执行，不能因为个别人有不同的观点而拖团队的后腿。

3. 大干

更大的经营目标和创业理想，需要投入更多的资金和精力，创业者要考虑自己是否已经准备全力以赴。大干通常意味着背水一战，认定这是自己一生可以为之付出的事业，是超越养家糊口和小富即安的更高理想。准备大干时，若项目已经进行了认真的论证，资金上也有了相对充足的准备，甚至经营体系已比较完备地建立了，那就意味着可以开始创业了。大的目标通常意味着创业道路上会面对更多的困难，而很多伟大的事业都是从零开始的。比如阿里巴巴最初的创业团队面临的局面就非常艰难，几十人挤在一个小房间里敲电脑，一度被人误会为“黑网吧”。资金有限，团队力量不足，一开始你们只能锁定较小的经营目标，即便你身怀改变世界的理想，也将从简单的尝试开始。

相对于重资产企业，轻资产企业的股东初期入股时投入的资金比例相对较低，这一点在科技类公司身上特别明显，但随着经营积累，业务目标不断扩大，预期收益明显的项目要想获得更好、更快的发展，就必须借助资本的力量了。我们需要了解和关注政府对科技型中小企业有哪些金融扶持政策。1998年以来，国务院和中国人民银行多次下发通知，强调要支持中小企业的发展，针对中小企业各种具有特色的技术创新，“小而精”“小而专”“小而特”的项目可以在国家政策范围内进行专项申报，获得国家专项扶持的机会也比较大，比如银行贴息政策，就是国家对重点扶持的企业提供优惠的贴息利率，这部分利息补贴通常由政府部门来负担。

如今，在金融体系日益完善的中国，企业筹措资金的渠道越来越多，如抵押借款、融资租赁、引入风投资金等，选择资金来源的方式要根据企业自身的实际情况进行评估后再作决定。

行业：做比较熟悉的还是做比较赚钱的

理论上，最好的商业模式是不需要花一分钱便可以起家，凭借你的聪明才智便可以获得投资者的支持，由此循环往复进行商业模式复制，短时间内实现资本积累，进而成为令人敬畏的商业巨擘。这也就意味着创业者需要具备对事物的洞察力、坚韧不拔的意志，以及对趋势的精准判断和对资源的有效利用。

改革开放以来，中国获得了近半个世纪的飞速发展，在市场经济运行走向成熟化和规范化的现代社会，层出不穷的商业机会成就了很多商界传奇。

很显然，最赚钱的是一本万利的买卖，但我们必须清楚，这样的买卖大多都伴随着高风险。离开自己熟悉的行业去选择比较赚钱的买卖，听起来是一个不错的想法，但当你尝试跨界进入一个相对比较赚钱的行业，你会发现：原来是这样，原来是那样啊！一切将从头开始，可能会遇到无数的困难，每天都可能面对新情况，时间总是不够用，面临的风险也总是不可预测。

所以，更多的创业者还是根据自己的喜好、经验来选择相对熟悉的行业，而不是相对赚钱的行业进行创业。兴趣是最好的动力，在成功的创业案例里，核心的动力来自创业者对事物的偏好，喜欢这类事物，这个行业是我认为有意义的，我觉得它富有挑战性，愿意为它开启精彩的人生旅程，这往往成为我们创业成功的基点。很多人则活在不喜欢也要从事的工作里，这只是他们安身立命的根本，活着与工作着，与兴趣爱好无关。

因为与爱好相关，你便具备了百折不挠的勇气，即便遭遇挫折，你也不会轻言放弃。当你尝试将爱好做成一份可以终生努力的事业时，你便具备了成功的基础，创业因此变得有乐趣。如果你选择熟悉的行业作为创业突破口，你会发现这样能事半功倍。

案例

《当代贵州》杂志2018年第1期以《无人机“三剑客”：我要飞得更高》为题，报道了三个“80后”组建的斯凯威科技有限公司创客团队。

“斯凯威”是英文“sky view”的音译，原意具有“高天看景，捕捉瞬间”的美好寓意，表明公司以无人机航拍为主要业务。

基于爱好的起点。张睿昕、郝淳、王迅，三个“80后”青年将自己的事业同爱好紧密结合，通过短短几年时间的发展，历经波折，终于把个人爱好的幼苗培育成大树，并同时代需求紧密结合在一起。

斯凯威团队的组建最初就是源于他们三人共同对航模的爱好。张睿昕从小就是航模类玩具爱好者，大学毕业后开了家航模店，蜕变成了专业人士。王迅作为他的高中同学，也具有相同的爱好。这两人从澳大利亚留学归来后，都具有把爱好做成事业的强烈愿望。而作为航模店的常客，郝淳是一名高级工程师，和张睿昕与王迅也是因相同的爱好而相识。

兴趣和梦想是创业最好的源起。一次偶然的机会，张睿昕上网冲浪时看到了Flying-Cam公司用无人机拍摄的精美视频，深感震撼，他立刻与郝淳、王迅进行了分享。Flying-Cam公司是全球最早利用无人机进行近距离航拍的专业公司，也是两届奥斯卡工程技术与科学奖的获得者。这种新的表现方式让三人非常向往。

“为什么我们不试试呢？”这个提议点燃了三个好友的创业激情。三人规划之后，毅然踏上了无人机航拍的创业旅程。2008年，三人初步组建了斯凯威团队，目标就是要通过自主研发合适的无人机，然后再逐步开始航拍服务。在创业初期，为了节约制作成本，团队往往要自行绘制图纸，还要四处寻购零件。2010年，斯凯威团队终于设计制造出属于自己的第一架无人机。但是这架花费十余万元和无数心血的无人机竟然出师不利，在首次商业航拍时就坠毁了。这无疑是一次沉重的打击，当时团队中的两名技术员就因此而选择退出。面对设备成果坠毁、团队分崩离析、资金没有来源的局面，斯凯威创业团队的三个人冷静分析，终于找到问题的症结，他们认为，无人机坠毁主要是技术人员面对突发险情时操作失误造成的，并非设备本身原因。找到原因，坚定信念，斯凯威团队最终挺过了艰难的创业期。半年后，他们又拿到了扎佐高尔夫球场的航拍项目，这一次，他们终于成功完成了航拍，赚到了第一桶金，此后，公司经营逐渐步入了正轨。

2012年，三人创业团队正式注册成立了斯凯威科技有限公司，但是如何进一步打开市场仍然是公司面临的一大难题。三人回忆，“在与客户的合作中，通过试拍一段，客户认可后再往下合作的方式，逐步取得了客户的信任。这样的方式坚持下来，业务逐渐扩大了。”团队在开拓市场中虽然很辛苦，但是每个人都坚信只有高标准的服务才是获得客户认同的最大理由，凭着这一点，他们慢慢站住了脚。

现在，斯凯威团队已经在工作中留下了很多摄影佳品。《百里杜鹃》宣传片就获得了合作方的高度赞誉，无人机航拍充分展现了“杜鹃花似海，满山留异香”的美丽场景；《爽爽的贵阳》则是另一部城市宣传片佳作，航拍带来的视觉冲击力也得到客户的广泛认可。

随着公司口碑越来越好，团队和业务范围也逐步得到了拓展。斯凯威团队以贵州省为核心，参与了很多省市级大型宣传片的拍摄。

继而，公司又参与了国内数家电视台真人秀节目的航拍摄影。在《真正男子汉》《爸爸去哪儿》等节目热播后，更多观众领略了无人机航拍的魅力，斯凯威团队也成为很多著名真人秀节目的幕后班底。

历经9年，凭借精湛的航拍技术和先进的航拍设备，斯凯威团队参与了众多大型拍摄项目，与国内数家电视台、剧组建立了直接的合作关系。

2016年，斯凯威团队更是在央视《新闻联播》节目中，首次使用无人机航拍进行直播，这背后是团队在技术领域的研发和突破。

创新是技术的生命源泉。2016年，斯凯威团队又成功研发了一款新的无人机，这款无人机的特点是能够拍摄VR全景视频。众所周知，以往若是想在航拍中对画面同步进行无缝拼接，根本无法实现，但斯凯威团队经过努力，使自家的“无人机航拍增稳云台技术”逐渐成熟，并成功申请了专利。

另外，团队研发的以无人机为载体的“移动天眼系统”还先后进入公安武警侦察、应急救援、交通管理、防洪救灾等多个领域。

在雅安地震、石阡县洪涝灾害等重大事件中，斯凯威团队的无人机都发挥过重大作用。为此，斯凯威团队先后获得了“贵州创客新锐”“工人先锋号”等荣誉称号。

从上述案例可以看出，斯凯威团队的三个伙伴是基于共同爱好而开始创业，由于爱好，挺过了最艰难的挫折期，最终获得了成功。生活中这样的例子很多，选择自己熟悉和喜欢的行业创业，则相对更容易取得成功。

当然，肯定也有人就喜欢挑战自己，专门盯着看哪个行业很赚钱，就不顾一切扑上去，而且也取得了成功。虽说这种案例确实是有的，但我们还是要特别提醒，不是每一个创业者都适合做这种选择。此外，有些看起来很赚钱的行业，其实暗藏着某种陷阱，比如下面要说的几种陷阱。

1. 突发市场机会陷阱

比如在新冠肺炎疫情期间，口罩及医疗防护用品生意无疑是很赚钱的，市场常常处于供不应求的状态，但是你如果满足不了生产此类产品的必备条件，你也只能看着机会白白溜走。作为制造业大国，只需短短3个月，国内很多企业便可以实现这一行业产能的基本饱和。如果你不明白这一点就匆忙做出决定，3个月后，经过多方筹措资金，你终于建立了一条医疗防护用品生产线，你会发现此时市场已经饱和，产品利润处在正常经营盈利水平范围，卖口罩已经赚不了多少钱了。

2. 政策导向陷阱

2020年新冠肺炎疫情暴发之后，我国各省市区纷纷出台政策，引导本土企业在供应链端采取就近采购原则，并出台各种政策鼓励上游企业入驻建厂生产，短短6个月时间，南方某县围绕农特产品供应链端的上游包装类企业从以前的40余家猛增至100余家，之前基于拿地建厂价格不贵，就近招工容易的优势状态不复存在。2021年3月，入驻企业已经面临建设成本增大，人力资源成本增高，市场产能过剩，竞争加剧等种种不利局面。对于园区入驻企业而言，此时就会发现当初的选择并不理智。

创业者需要记住，“大鱼吃小鱼，快鱼吃慢鱼”，这永远是行业发展的铁律。

3. 行业壁垒陷阱

在我们看来，餐饮业是最容易进入的行业，店面大小适中，饮食富有特色，有两手菜肴绝活便可以轻松上路，细算净成本，盈利能力不弱。在创业路上，选择开餐厅的似乎比选择开公司的要多，这是因为餐饮业进入门槛相对较低，如果能做到特色餐饮，或者能做到连锁经营的话，则可赚得盆满钵满。

实际上，餐饮行业的调查数据表明，开店成功率仅仅保持在10%～12%，受限于地点、特色、消费偏好等因素，进入餐饮行业后，能够开店后一直持续盈利的并不多，而那些富有特色的连锁餐饮之所以成功，源于对市场客户群体的精准调研和系统化的管理体系。连锁餐饮企业“海底捞”闻名全国，学习效仿者大有人在，“海底捞”研究者黄铁鹰曾写过一本书叫《海底捞你学不会》，意思是告诫效仿者“海底捞”学不来。这里所说的所谓行业壁垒陷阱，是你看到别人日进斗金的生意兴隆现状，未必是你想象的那么容易，研究细分市场和商业模式，掌握行业运营规则，是创业者有效避免创业陷阱的好方法。

动能：你的企业是否拥有核心竞争力

关于企业的核心竞争力，众说纷纭，有人理解为技术，有技术便可走遍天下，但成功创业者并不全是工程师；有人理解为人脉，把拥有政府资源、商界资源人脉看成是自己的核心竞争力。这些理解都没错，但又都有些片面。其实，只要你拥有独特的动能，就可能是决定创业成败的核心竞争力。而这种动能包含渠道、人脉、技术、品牌等多个方面。

对于创业企业而言，特别是小微企业，核心竞争力主要有以下五个方面。

1．渠道做得好

所谓渠道，是指水流的通道，后被引入商业领域，主要指商品的流通路线。随着时间的推移，渠道在互联网时代的含义更为宽泛，消费终端都可以理解为渠道。大型商超、社区便利店、会所等都是传统渠道；淘宝店、京东店、抖音小店、微信公众号的购买链接等则属于新兴的渠道。无论新老渠道，都是商品推广的核心，是商业制胜的基础，因此，创业者必须把你能利用和掌控的渠道都做好，才能打开企业生存和发展的空间。如果能做到专而精，集中优势资源，专注、专业地在某一渠道把企业的商品推广成功，那么，你的企业做大做强也就有了保障。

2. 品牌有美誉

产品的品牌美誉度可以让消费者基于信任而引发自主购买行为。当我们的产品尚不具备影响全国的能力时，可以先做到影响一个省份，或者小到一个地区，甚至更小到社区内，让产品具备美誉度也是品牌的力量。品牌的塑造可以细化到行业，小众化品牌也是可以的，从客户知道、产生信任开始逐渐有了美誉度，这就是品牌的塑造。产品品牌有效解决了信赖购买的问题，使你的企业可以持续地获取经由信任带来的营业收益，但要长期坚持，绝不能昙花一现。

3. 有自己的知识产权

知识产权可以是专利技术、专有商标、专有视频及创意等，但如果这些你没有注册便得不到法律的保护，再好的创意和技术也会成为抄袭者、跟风者觊觎的目标。对于小微企业而言，拥有较多的知识产权保护是你制胜未来的强大保障。

4. 产品质量好

良好的产品体验是决定产品能走多远的关键，赚一次钱还是赚多次钱的选择很关键，专注品质积累，做深做透，是一切商业模式走得远的前提。

5. 财务体系健全

小微企业成长到一定阶段会面临资金发展“瓶颈”，你是否符合资本渠道要求的标准，合法、合规，按期交税，有健全的财务体系，事项来源具有可追溯性，如果这样，你的企业就打下了良好的基础，在未来的发展壮大中具备了被资本市场选择的可能，能够迈上发展快车道，获得“瓶颈”阶段突破性发展的潜力。

案例

新东方是俞敏洪从北大辞职两年后于1993年创立的教育平台，以其良好的师资资源、精心的课程设计、科学的教学模式享誉教育圈，并于2006年在纽约交易所纳斯达克上市，创造了业界神话。2009年，俞敏洪被评选为“CCTV年度经济人物”，其新东方分校遍及全国，火透中国。

2013年，随着红点等教学社交平台的出现，新东方在业界一家独大的壁垒被打破，互联网的教学模式，从先行一步，量身定制，发展到了“一对一”互动。与此对应，新东方的发展反而大不如前，股价随之下跌。2015年，新东方不得不与时俱进，倾全力打造互联网在线教育平台。2021年，随着国家“双减”政策出台，新东方不得不开始转型，成立了科技公司。

从本案例可以看出，要打造持续竞争力，进行渠道迭代是必然选择，你不关注时代的发展，捕捉趋势的变化，就将会在新一轮的竞争中离场，之前的优势将不复存在。

随着互联网的兴起，5G技术、智能制造、AI技术等新兴产业的崛起，大众创业将成为常态化，商业世界的战争说到底是渠道资源的战争，围绕渠道的争夺战无时不在。

技术迭代造成渠道迭代和产业迭代，随之而来的职业迭代也将兴起。未来或将消失的几种职业不能不引起创业者注意。

1. 传统劳动密集型产业人员受到挑战

随着5G技术的大规模应用，传统制造业将出现重大改变，智能化制造会让部分传统劳动密集型产业逐步消失。

2. 利用信息不对称赚钱的人员会大幅减少

目前，因为存在信息不对称，很多行业是通过中间商赚差价的方式谋利。随着信息壁垒被日新月异的技术打破，利用信息不对称赚钱的人员会大幅减少，比如房产中介人员，必将面临转型问题。

3. 基础知识处理职业逐渐被替代

未来，伴随着在线化智能咨询和学习模式的变化，一些基础知识处理岗位人员会逐步被智能机器人代替，比如导游、普通话测试等从业人员，本身不需要太高的个性化专业技能，未来将面临转行的选择。当然，这种替代不是一蹴而就的，会有一个较长的时间周期。

4. 简单信息处理从业者或将消失

对于那些从事简单信息处理的劳动者来说，要么与时俱进，学习新的劳动技能，要么就需要转行，比如报单员、打字员等岗位人员。未来这些简单的信息处理从业者或将消失。

5. 普通图像、文字处理从业者或将面临新选择

随着智能化图文处理系统的出现，只会简单的图片修补、文字编辑等传统图像及文字处理岗位人员也或将逐渐淡出人们的视野。

可以列举的还有很多，比如实体店的萎缩让小店主变少，银行柜员、司机等职业都面临迭代选择。转而新兴职业随之增加，快递员、仓储物流体系管理人员、程序员等工作人员需求进一步加大。而自主创业或选择自由职业将成为社会常态。

理解趋势，做出自己的选择，是创业者必须思考的。科技行业上演的生死时速常常与我们的创业选择息息相关。

第二章

30分钟筛选商机：机会只留给有准备的人

学会分辨真正的商机

在生活中，我们常常听见有人抱怨：“为什么我的命运如此之苦？难道是上天注定的吗？”或听过无数后悔之语：“要是我选择那样的话，我也不是现在碌碌无为的样子；如果当时我那样，现在已经成为百万富翁甚至拥有几千万元的资产了。”对于昨天错失的，可能是良机，亦可能是陷阱，如果总为昨天的选择失败而自叹自哀，均于事无补。在无数选择面前，创业者必须真正付出行动，创业成功始于行动力。

“夜里做了很多梦，醒来还是在床上。”无数人的创业止于幻想，更多也只是浅尝辄止，为什么有些人如此成功，有些人一辈子碌碌无为？世间不乏穷困潦倒者和平庸度过一生的人，他们总是羡慕那些坐拥香车豪宅，频繁出入奢侈品店的成功者。富人都是先天为富吗？如果你不是富二代，没有含着金钥匙出生，那你可以选择成为创一代，通过自己的努力，与家人朋友分享你创造的幸福成果。

在中国历史上，富人多数由升斗小民发迹而来。香港著名商人李嘉诚创业时，只是一个卖塑料花的小商贩，如今，他早已建立了自己的商业帝国。这样的例子不胜枚举。当我们选择开始创业时，必须重点关注的是对商机的真正把握，正确开启人生的财富之门。

有人说：机会是稀缺的，也是有限的，当它悄悄到来的时候，你甚至都不知道，但是当你错失后却追悔莫及。

那么，什么是机会，如何才能分辨真正的商业机会，即俗称的“商机”呢？我们认为，商机一般来说具有以下几个特征。

1．合理的利润回报率

当我们在投资一个项目时，要让这个项目给我们带来一定的财富其实并不太难，而真正的难点是需要知道我们当初选择这个项目或这款产品，它为我们带来的利润回报是否合理。合理性是我们鉴别真假商机的一个铁定法则。

我们都知道，假东西永远充满欺骗性和迷惑性，伪商机也是如此。高回报率和让人无法想象的利润分红通常也意味着高风险，创业者不能让贪婪迷惑双眼，失去自己的判断力，伪商机往往都是可怕的陷阱。

伪商机的迷惑性在于，总是以局部优势的膨胀去掩盖整体出现的变数，按唯物主义哲学的观点来说，伪商机充满了迷惑性的假象，但透过现象看本质，实际上这种假象并不符合商业实际，伪商机经不起认真推敲和分析。

创业者在面对伪商机时，一定要头脑冷静，必须要判断该商机是否合理，怎样才能不迷失在陷阱之中，否则就很可能让你的投资血本无归。当我们在选择一个商业项目或者一款产品时，可以收集大量的数据来分析，并进行细致的市场调研，以此验证它的可行性。

案例

2018年，笔者的一位朋友在深圳的一家企业从事策划工作，该企业（以下简称A企业）主要业务为农业科研生产，具体开发产品为海水稻种植。

当时，A企业想把手里的农业产业项目做大，但资金不足，于是找到了B企业作为融资合伙对象。A企业给出的投资回报是，只要B企业能够满足融资需求，以恰当比例资金参与进来，B企业就可以获得每年60%的分红。看起来，B企业似乎有一个具有很高回报的投资机会，但问题是：这个项目是否真的有这么高的回报率？

B企业作为投资方，针对该项目进行了认真考察调研。经分析发现，A企业所提供的财务报表显示，该企业最大的股东持股比例高达84%，经营管理团队缺乏足够的驱动力，而且经营管理混乱，企业主要经营者并不具备完全经营能力，并受制于大股东，整个项目虽然拥有国家级科技专利，但项目产品的运营成本却居高不下，并不具备项目可行性报告所描述的高回报率。

A企业只想在该项目获得融资后，暂时向前推进，以获取国家对农业产业项目的扶持资金，其真正的目标不是把项目做大做强。换句话说，该项目即便具备一定的盈利能力，也不具备持续性发展的可能性。因此，A企业提出的给予B企业的持股比例及预期分红方案，可行性存疑。

通过这个案例，创业者需要明白，外表看起来不错的项目，未必是商机。当面对放到眼前的高回报时，如果不进行冷静分析，就看不清项目指向的短期目标和长期目标是否具备可持续的盈利能力，如果贸然相信合作方而选择投入，就很容易踏进商业陷阱。作为创业者，这是我们在选择可能性商机时通常需要注意的问题。

2. 较长的生命周期和可持续发展力

在我国，一般企业生存寿命不过3～7年，甚至有部分企业还没有创业成功就胎死腹中，按我们熟悉的2：8比例来计算的话，可以知道只有20%的企业能存活下来，而一个企业的生存发展是有生命周期的（见图2-1-1）。

	机遇	挑战	幸存	赢家
市场阶段典型特征	**初现** ·创造需求 ·单一产品线 ·定位狭窄的细分市场 ·定制开发	**增长** ·市场高速增长 ·加剧的竞争环境 ·产品成熟并扩大化 ·扩展至更广的细分市场 ·价格战影响 ·受挤压的盈利与生存空间	**洗牌** ·稳定的市场增长 ·厂商兼并整合扩大 ·重点新产品开发出来 ·从质量竞争到高附加值服务竞争 ·从红海到寻求蓝海：关注特定的细分市场	**成熟** ·成熟的市场随品牌影响力扩大而增长 ·产品产能规模扩大，进一步降低生产成本和提高竞争力 ·在渠道销售和新品研发能力上展开竞争 ·提供了持续稳定的盈利能力和更新活力 ·在细分品类和价格区间展开竞争

图2-1-1　企业生存发展的生命周期变化

当我们在选择创业项目时，一定要谨慎地论证可能影响项目前景的综合因素。比如，尽量选择“朝阳产业”的项目，即未来成长性良好的项目。而“夕阳产业”的项目，即传统行业的项目，处于竞争的“红海”，加上价格竞争、成本竞争等综合因素，盈利能力较弱。

作为创业者，如果你具备长远的战略眼光，能掌握产品核心竞争力，垄断知识产权，同时看得到未来5～10年的企业发展方向，对企业未来中长期发展规划有清晰的认知，那这样的项目可持续发展潜力就较大。

3. 较强的可操作性和可控性

每一个人都是独一无二的，理论上都具有非常强大的创造力与想象力。我们平时可以集思广益，提出很多种想法，比如举办一场营销活动的策划会，你完全可以天马行空畅所欲言，通常在创意阶段这叫“脑力激荡”，你会发现很多参会成员都会发表不同的观点。有些提出打折，有些提出满减买赠，还有些人会提出采用优惠券或者1+1的促销方式，但无论何种形式，我们认为，都需要根据自己企业的实际情况进行精准的核算后方可执行，这一点离不开财务数据的支持。在具体的执行中，具备可操作性的方案才是好方案，执行方案要简单易行，看起来一目了然。

做复杂的项目也是一样。我们不能在选择项目上好高骛远，不切实际，做出不符合企业资金、资源情况的选择，项目前景预测与实际的市场情况背离，通常意味着会付出高昂的代价且很难获得好结果。为此，我们在做选择的时候，一定要以企业实际为基础，立足现实才有可能寻找到好商机。

一个未来预期会火爆的项目，也许当下正处在发展萌芽中，但是大概率会成为未来新兴的发展方向，现在能否提前介入，就必须考虑是否有很强的可操作性和可控性。毕竟，作为创业者，做重大决策时务必要做到心中有数，否则信马由缰，最后很可能遭遇重大挫折。

懂得市场调研和评估

创业者在投资某个项目的时候，必须进行市场调研，因为只有经过大量的市场调研和冷静的分析，你才能做出更加精准的判断，从而做出正确的抉择。好的项目和好的产品很多，可以说是让人目不暇接，但也可以说其间鱼龙混杂，让人真假难辨。

可能有人会说，我在某个行业具有丰富的经验。的确，经验当然很重要，但经验并不是灵丹妙药。我们认为，创业者千万不要一拍脑袋就冲动做决策，有真实的调研数据支撑，是创业者创业成功的必经步骤之一。

创业者在创业前不做调研，就像开车不系安全带，下雨天出门不带伞一样。根据墨菲定律①，没有调研分析，心理上感觉有可能失败的事情就一定会失败。

当我们准备创业，进入真正的商业战场时，肯定会遇到各种各样的情况。比如商业中的陷阱，或者比你更优秀的同行业竞争者，也可能会遇到给产品挑刺的顾客，你如果没有应对的预案，也不了解政策行情，工商、

① 墨菲定律的基本观点：只要发生事故的可能性存在，不管可能性多么小，这个事故是迟早会发生的。

税务等行业知识也一窍不通，那很多意想不到的事情就会随时发生。因此，创业前的市场调研是很重要的，千万不要头脑发热，想干就干。

一些创业者可能会问："不是说，只要具备行动力就可以开始创业了吗？"行动力固然很重要，但行动力并不代表蛮干，不进行市场调研就开始的创业即便取得初期成功，也只能说是创业者的运气不错，不代表就可以长期依赖运气行走天下。

那么，创业者在创业初期要如何做市场调研和评估呢？一般来说，一个项目的好坏，要从长远的发展方向去看，市场规模的大小决定其成长空间。当某个行业的市场规模足够大的时候，通常意味着这个行业的市场竞争也会越激烈，留给创业者的成长空间反而会相对较小。拿卖鞋子来说，如果没有特色，在满大街都是鞋子专卖店的情况下，创业者就会面临较大的竞争压力，消费者难免会问：选择购买你的产品的理由是什么？你的产品具有什么样的独特卖点？创业者不清楚这些，意味着最后"赚到"的可能只是房租费、水电费和存货。

因此，创业者在行动前一定要冷静思考自己选择的项目是不是适合自己。反之，在市场规模很小的情况下，如果创业者有信心做到该细分市场的龙头，那创业成功的机会就会大很多。总而言之，我们还是要看自己开发或经营的产品是否具有与众不同的优势，或者说该项目能不能切实地为消费者解决问题，也就是人们常说的满足消费者的痛点和需求。在小众产品和小众需求服务中，如果你能做到高黏性、高复购率和良好的口碑，代表你创业的成功率已经达到60%以上。

在市场调查的过程中，我们可以有针对性地分别从现有市场和目标市场来进行调查，通过研究，分析这两者之间的不同之处和相互转换的关系，这对开发出能够吸引消费者的产品肯定会大有裨益。

通常来说，我们判断一种商品的市场规模大小，首先需要确定该种商品市场处于什么发展阶段。另外，还要研究竞争对手的经营状况，然后再根据现有的产品与服务来进行整体的市场预估。这时，我们会大概预估出市场实际的拥有份额。接着，我们再用整体行业消费总额减去现有市场巨头的份额，就能得出整体剩余的市场规模到底有多大，值不值得去投资该项目。

通过对行业细分市场进行客观冷静的思考，我们就能知道，拟开发的产品或从事的项目，市场到底在哪里。这时，我们就会清楚了解到很多细节。如细分领域市场是不是已经成形，市场上的竞争品牌有哪些，竞争的情况究竟如何等。有了这些分析后，我们就可以参照现有的资金状况进行决策。我们是选择扎根在某个地区把品牌先做起来呢，还是先挑选一个或者两个竞争相对较小的区域进行尝试。通过建立商业模型进行数据比对分析，就可以得到一份相当准确的市场分析报告，为我们选择创业项目提供决策参考。

对创业者而言，为什么说细分市场领域蕴含无限的商机？因为我们在日常生活中会发现一些比较特殊的事件或现象，为我们带来创业的灵感。比如，现在流行的共享汽车，服务人群主要是上班族和一些有了驾照但却没有经济条件购买汽车的青年群体。但在我国，老年人及婴幼儿也很多，这其中就有很大的消费者需求和痛点，那为什么不能开发几款专门属于特殊人群的共享产品呢？

另外，我们可以分析市场结构发展的方向和趋势，以及消费者对新知识或消费价值观的认知变化，来帮助我们寻觅到最新的创业机会。比如，近几年来，消费的升级带来了人们对饮食需求的改变，过去讲究吃得饱，现在提倡吃得好、吃得健康。在我们日常生活中，这个领域已经发生了翻天覆地的变化，从消费习惯来看，随着人们消费观念的革新，必将引发消费习惯的巨大改变，其中必然蕴含着大量的商机。

市场竞争无所不在，尤其是在今天全球经济一体化的大环境下。一般而言，我们可以按照生产厂家的数量和产品的销售状况，把市场分为四种类型，也就是我们熟知的垄断竞争市场、完全竞争市场、寡头竞争市场、完全垄断市场这四类。面对不同的竞争形态，企业所采取的应对策略肯定是不同的。

换一个思路，如果从竞争力的角度来看，我们还可以把市场力量分得更细，包含替代品、供给方、需求方、行业内现有的竞争者和潜在进入者。在市场竞争中，行业现有竞争者永远处于力量矩阵的中心，这从非常著名的波特五力模型①可以看出。波特五力模型是企业制定竞争战略时经常用到的分析工具，作为创业者，必须尽可能地熟悉和掌握。

当然，现在的企业竞争力分析工具和方法很多，除了波特五力模型，还有著名的波士顿矩阵分析和SWOT分析法（态势分析法），下面对此做简要介绍。

1.波士顿矩阵分析

在做波士顿矩阵分析的时候，可以通过企业实力和市场引力来分析自身产品的结构。通常来看，市场引力也即企业销售增长率，这既要考虑同业竞争对手的实力，也要考虑目标市场容量等要素。企业实力也就是我们经常讲的市场占有率、技术含量、资金状况和人力资源利用率等。市场引力为外在要素，企业实力为内部要素，相互构成，互为表里。当行业市场足够大且我们的市场占有率较高时，说明我们开发的产品在目前市场的发展前景是良好的。而如果某个要素达不到预期值，则说明我们的市场发展预期前景不佳。

---

① 波特五力模型由哈佛商学院教授、竞争战略之父迈克尔·波特于20世纪80年代初提出。

2. SWOT分析法

应用SWOT分析法，可以从四个方面来全面分析企业自身的优势，即优势（strengths）、劣势（weaknesses）、机会（opportunities）和威胁（threats）。这种方法常常用于大型企业和集团，在公司制定发展战略和研究竞争对手时，这是一个很好的分析工具；对处于创业阶段的公司，同样可以起到一定的参考作用。

针对将要从事的行业或项目，结合当下目标区域的实际现状，分析是否存在机会点和市场竞争阻碍，是创业者必须要明了的问题。只有搞清楚优势和劣势，你才会对可能遇到的问题了然于胸。只看到好的一面，凡事想当然，不去认真分析可能遇到的难点，在将来遇到问题时，你则可能手足无措。

案例

龚明之前在一家媒体做行业记者，专门跑企业。这些年，他积累了丰富的企业老板资源，与此同时，在智能手机和自媒体的冲击下，他也感受到了传统媒体的衰落。

2019年初，龚明就萌生了离职的想法，他很想创办一家互联网营销公司，专门为企业策划定制营销宣传方案。不过，他不敢贸然行动，毕竟，自己创业和上班相比，要承受的风险完全不同。为此，他足足调研了大半年。这期间，他还找到了一位好朋友、广告公司的老板张总进行反复沟通、分析和评估。

两个人在评估过程中，重点研究分析在当前的市场环境下，企业的营销宣传喜欢运用哪些新方式和新手段，喜欢在哪些平台和渠道进行广告投放，以及企业主期望获得的效果。

2020年底，龚明和张总觉得时机已经成熟，联合成立了公司。因为龚明有一些老板资源，而张总也是广告行业的老手，加上他们的主营方向和服务客户的能力比较专业，定位精准，公司开业伊始就有了几单业务。截至2021年6月底，龚明和张总的公司营业收入已达到300万元，发展势头良好。

在创业的过程中，进行市场调研很关键，在进行市场调研时，必须要客观冷静地分析：市场需求点在哪里，准目标消费群在哪里，可能的市场规模有多大，同类竞品有哪些，竞品目前在市场中所处的价格定位、文化定位、推广定位是怎样的。我们需要了解市场痛点是不是真的存在，潜在的市场规模有多大，是不是存在虚假需求或伪需求，我们的同业对手现如今经营情况如何，而当我们清楚地了解这些之后，做出来的项目评估数据才会更加准确，也只有我们了解这些数据之后，才能做出更加准确无误的决策。

紧跟国家政策大势

2014年，笔者在从山东济南到江苏徐州的火车途中，曾经遇见了一位去河北考察的企业经营者，在长途旅行中，大家都无聊，于是就慢慢攀谈起来。当我问这位大哥为什么来山东时，他说，我来山东是为了考察项目。他明确表示，山东这里有几个好项目值得投资。当我问他从哪里得知的这些消息，并且抓住这些机会过来考察时，这位大哥回复说：他是一个退伍军人，平时喜欢看财经新闻，每天如此，特别是很喜欢研究国家领导人的讲话，并且常常能从领导人的讲话中寻找到一些商业机会。比如之前国家领导人鼓励大家下海经商，后来开发经济特区，鼓励一部分人先富起来。再如，现在国家鼓励发展电商，并且提出“互联网+”，这里面就大有学问了。还有国家重视的新三农问题、“厕所革命”问题，以及帮助与扶持“大众创业，万众创新”，这些都有很好的国家政策导向，里面有很多商机。

很显然，这位大哥是一个精明的准创业者，善于通过新闻了解国家政策走向来寻找商机。

其实，紧跟国家政策大势，是一个很大的课题，因为时代在变，国家的政策也在不停地变化，作为创业者，需要紧跟国家的政策步伐，唯有如此，才能立于不败之地。

中国历史上著名的“红顶商人”胡雪岩曾根据当时朝廷发布的律令，并紧跟当时地方实权统治阶层的政策导向，来指引他的商业选择，顺势而为，最终赚取了惊人的财富。

那么，作为毫无背景的普通创业者，应该如何掌握国家政策走向，享受到政策红利呢？笔者认为，有几点做法值得参考。

1. 密切关注中央级媒体

我们知道，国家的政策方针和重要战略决策通常会选择在《人民日报》、新华社、央视等中央级媒体发布。作为创业者，应该养成观看中央级媒体的习惯。即便在互联网极为普及的今天，国家政策信息的首发平台还是权威中央级媒体。

2. 筛选有价值的信息

如今，我们每天要面对海量信息，中央级媒体发布的信息量也很多，并不是每一条新闻都会给我们带来实际的作用。这就需要我们具备筛选、梳理和分析有价值信息的能力。而这种能力的高与低与个人的人生阅历、知识水平等方面密切相关。

3. 尽量站上政策风口

小米公司创始人雷军有一句名言：“站在风口上，猪都能飞起来。”因此，在了解国家的政策方针之后，你在选择创业方向时要尽量站上政策的风口，这样你的企业“飞起来”的概率也会更大。

当然，在商业世界中，你不可能做到所有的选择都正确，但心怀善良和敬畏，不逆反时代潮流，不违背社会道德和公义，谨守商道原则，是商业机会选择的基本底线。

案例

最近几年，中国在商业领域的诸多创新商业模式引领世界潮流。尤其是在移动支付、共享经济、5G和人工智能等方面，涌现出一大批新兴科技企业。

马可虽然选对了风口，但在公司快速发展的过程中，他却迷失了方向，最终走向毁灭。

几年前，马可还是一家科技公司的普通程序员。虽然收入可观，但马可不甘心一直为别人作嫁衣。2014年，马可和一位亲戚成立了一家互联网小贷公司。没过多久，国家的互联网金融行业整顿风暴来袭，一时间，行业内很多规模很大的企业纷纷传出项目变黄、老板跑路等风声。

当时，马可还抱有一种侥幸心理，总觉得互联网金融是一种创新，解决了中小企业融资难的老大难问题，整个行业应该有发展空间，因此并没有进行业务转型。

此后，随着国家整顿力度加大，行业头部公司纷纷另谋出路。马可有些慌了。他知道，自己的公司业务涉及网络套路贷，屡遭投诉。2019年中，马可被警方带走调查。等待他的，或将是法律的惩罚。

从以上案例来看，马可在创业过程中，在项目执行层面的选择上出了问题。他违反政策法令规定，违背社会道德伦理，这也是他败走麦城的主要原因；他对项目导向监管不力，心存侥幸，无视国家政策法规，最终自食恶果。

由此可见，不管是创业小白，还是行业大咖，在创业之路上，只有紧跟国家发展的步伐和遵守政策法规，才能在创业的道路上走得更远。

选择适合的商业模式

既然是创业，无论从事何种行业或领域，都不可避免会涉及商业模式。如今，随着社会的变化和互联网的高度发达，商业模式的创新可谓层出不穷。比如，由共享思维引发的共享充电宝、共享雨伞、共享单车、共享汽车、共享社区服务等新兴商业模式，近年来席卷大江南北。

普通企业基于产品竞争而生存，优秀企业基于品牌竞争而脱颖而出，引领性的企业则基于商业模式而成为卓越者。那么作为创业者，如何选择适合自己的商业模式呢？

有关专家对数百家企业进行了案例统计研究，结果得出了一组相当让人惊讶的数据。研究表明，在初创企业中，因为公司战略原因导致失败的企业只有23%，因为执行不到位而导致企业失败的占28%，但因为没有找到正确商业模式而毁掉的企业却高达49%。

所谓商业模式，简单来讲就是创业者让企业挣钱的方式和方法。为了达到这一目的，创业者需要将企业经济运行的内部、外部及各种生产要素资源整合起来，形成一套完整而又别具核心竞争力的运行管理系统，通过这套系统，创业者可以用最优的形式满足各类客户的需求，同时使系统可以持续盈利。这是一个理论上的定义，但创业者要明白，商业模式的设计须满足领先性、可行性、系统性等要求，商业模式还要容易被复制，这样才能迅速让自己的企业发展壮大。

成功的商业模式往往不能在初创阶段就解决所有问题，它会通过不断地实践、运行、验证来实现迭代提升和丰富，从而最终形成完整的商业逻辑系统。一般来说，一个成功的商业模式应该包含以下四个方面。

一、定位准确

作为创业者，我们首先要为产品做好目标定位，只有定位准确，我们才能为消费者提供有价值的产品，让消费者愿意买单。在市场定位中，定位的核心就是我们手中的产品能够为消费者提供什么样的需求，创造了怎样的价值，消费者为什么愿意为产品买单。

案例

亢勇的文化程度不高，但敢想敢干。初中毕业后，他辗转北京、上海和广州等地打工，主要从事建筑行业。

2017年，他回到四川简阳老家。考虑到建筑行业太辛苦，而且有时工资拖欠的时间很长，亢勇和老婆一商量，在他们所在的小区开设了一家小型超市。刚开始，亢勇的超市每个月营业额还不错，除开各种成本，还有1万多元的净利润，夫妻俩每个人每个月差不多都有6000元的收入。虽然收入比做建筑工作时低一些，但不用日晒雨淋。

然而好景不长，时间到了2018年，亢勇明显感觉到生意越来越差。他们所在的小区，各种小型便利店有五六家，同质化太严重，客户被分流，连维持日常的经营也开始变得困难起来。

亢勇夫妻俩很焦急，但一时又找不到太好的解决方法。一次偶然的机会，亢勇遇到一位营销专家老郭。老郭建议亢勇，传统的小超市竞争太大，不如改造升级成为生鲜超市，除了卖日用品，还可以卖生鲜肉蛋，满足附近居民的生活需求。

亢勇觉得老郭的想法很不错，但自身资金实力有限，通过老郭的牵线，一位资金实力雄厚的老板牛总也加入进来。就这样，亢勇和牛总合资成立了一家公司，在小区重新租了一个面积更大的店面，做起了生鲜超市。

因为亢勇的生鲜超市定位精准，生意比之前的小超市起码火爆10倍。开业第一天，通过办理会员赠送礼品等活动，当天的营业收入就接近10万元。

二、市场有前景

在选择市场的时候切忌随意，否则会浪费掉很大一部分人力、财力和物力，而且效果可能非常不好。为此，我们需要慎重选择一个规模足够大，且能够持续增长的市场，这样的市场才更有前景。

三、能够持续盈利

在商业活动中，一家企业能否持续盈利，是评判其商业模式是否成功的核心标准之一。很多创业者不太在意商业模式的有效性，创业初期只是觉得这样干应该可以赚钱，更多看重的是短期利益，并没有考虑盈利的持续性问题。

当然，很多时候，创业者考虑不周也很正常，毕竟没有人能真正把所有问题都考虑清楚再开始创业。但是企业的发展后劲还有赖于创业者有无长远的战略眼光，以及能否设计出可以持续盈利的商业模式。

四、对风险有防控措施

在创业过程中，创业者要尽可能地评估企业可能面临的所有风险，并对潜在风险提出应对预案。一般来说，优秀的商业模式应该具有发展成为行业第一的潜质。小众化的商业模式和基于未来社会需求痛点而设计的商业模式，通常具备很好的成长性。如何把小众市场需求最大化，最后发展为行业独角兽，是需要创业者认真思考的。如酒类电商酒仙网和1919，管理类平台钉钉和纷享销客等，大多基于市场某类人群和某种行业的需求而设定，这种商业模式通常具备成长为行业第一的基础。

从2016年开始，在中国风起云涌的共享经济热潮中，蜂拥而来的业态很多，但80%的共享商业模式最后都在竞争中失败和消亡了，真正具备生存能力的并不多，少数优秀的商业模式是在巨额资本的支持下存活下来的，并逐渐发展为行业独角兽。由此可见，一种商业模式是否有效，只有在具体的发展过程中，才能验证它究竟能够走多远。为此，创业者要尽可能地预估在设计商业模式时可能会出现的风险和难点，然后采取相应的措施，制定完备的商业策略。

了解完商业模式的定位、市场、盈利、风险四个方面的内容后，创业者该如何来设计属于自己的商业模式，并根据其内在联系处理好它们之间的关系呢？

构思和分析商业模式的模型很多，其中较为经典的是商业画布图。商业画布图能指导和帮助创业者催生创意，它是查找问题的好工具，当我们把这个工具刻在脑子里的时候，思考问题时就能更加全面、系统和自信。

一般来说，商业画布图由9个部分组成。

1．客户细分

目的是区分出产品的核心用户群。

2. 价值主张

明确产品满足核心客户怎样的价值需求。

3. 渠道通路

设计出低成本、高效率地把产品送达客户手中的方法。

4. 关键业务

一个商业模式能够顺利运行下去的核心业务。

5. 收入来源

明确产品获得收益的方式。

6. 核心资源

呵护好人才、技术、销售渠道等关键要素。

7. 成本结构

始终牢牢掌控产品生产所需要投入的资金、人力等要素。

8. 重要伙伴

维系上下游的重点生意伙伴。

9. 客户关系

懂得要有优质产品才能维护好与客户的关系。

值得注意的是，这9个组成部分不是割裂的、独立的，而是有一定的逻辑关系。首先，在客户细分环节，创业者要了解清楚目标客户的需求，并研发相应的产品，这样，就可以顺利达成创业者的价值主张；而为了达成价值主张，创业者还需要进一步思考渠道通路问题，因为这是价值主张的必要组成部分。其次，创业者还要严守关键业务，确保收入来源，这关系到企业的生死存亡，必须慎重考虑；而为了始终掌握关键业务，确保收入来源，创业者就需要控制好核心资源和成本结构，这两项因素都会直接影响收入来源。最后，创业者还需要随时了解上下游产业链上的重要伙伴和客户关系的动态，因为这些动态往往会关系到产品的生产经营情况。

掌握并熟练运用商业画布图，创业者就可以根据自身实力和实际情况制定出属于自己的商业模式了。

盲目跟风很危险

如今，越来越多的人投入到自主创业的热潮中。然而，在创业过程中，不少人依葫芦画瓢，看到哪个行业热门就涌向哪个行业，结果导致经营困难，甚至破产倒闭。因此，不管是刚刚创业的小白，还是连续创业者，切忌盲目跟风。因为有些机会表面看来或许是一个好机会，但实际上是一个实实在在的陷阱。

商机随处可见，但即便处在行业风口上，也不代表即时创业就能成功。本节我们来讨论一下创业最为普遍的现象：盲目跟风。

近几年，比较火爆的行业一定少不了新型茶饮。众所周知，新型茶饮是从过去的奶茶饮演变而来的，通过把奶茶工艺重新改良，从过去的奶精、糖精和果酱等，变成现在的牛奶、果糖和鲜水果，经过一系列的创新演变，新型茶饮契合了现在的健康时尚理念，深受年轻人喜爱，得到了市场的热捧。

2021年4月，有报道称，武汉的一家茶饮店开张后，出现了排长队购买的现象，想要购买一杯茶饮竟然要排队2个小时。同时，新型茶饮营销的噱头做得很出色，甚至有一些新型茶饮公司已经开始计划上市了。

看到这些激动人心的场面，自然而然就会吸引许多人跟风创业。有统计显示，从2018年开始，国内茶饮店数量几乎每年都是翻倍递增，如今数量已达几十万家。

那它们的经营情况如何呢？实际上，在这几十万家茶饮店中，很多新加入者损失惨重，非但一分钱没有赚到，还赔上了很多加盟费和装修费。所以，不管是新型茶饮行业，还是已经成熟的酱香白酒产业，盲目跟风创业，成功的只有少数。道理很简单，风口既然已经出现，证明很多人已经先人一步，作为后来者想要再抢占风口那就会十分困难，毕竟市场就那么大。

当然，这并不是说跟风创业一定就会失败，因为一个行业的风口出现，也证明了这个模式是正确的，既然路已经有人走过，后来者可以少走弯路。不过，走在别人已经走过的路上，最大的果实已经被他人摘走，盈利能力下降，市场空间趋小，也是后来者将要面对的问题。

跟风创业，利弊都有，那要如何做才能稳妥地赚到人生的第一桶金呢？办法还是有的，比如在创业过程中，如果你能够实现局部创新，在大的行业中进行细分领域的深耕，则完全有可能超越前人。不同的创业者会发现不同的需求，这主要看我们如何去选择，一般来说创业机遇很多，风险也不少，创业时应该结合自身的实际情况，深思熟虑之后再做选择，此举可以最大限度地避免一些不必要的风险。

案例

熊莉是一位高级知识分子，海外名校硕士研究生毕业。学成归国后，她在上海一家外资企业做人力资源总监，拿着不菲的收入，是典型的白领。

但熊莉认为，自己无论再出色，也只是一个高级打工者，很难实现自己的人生价值，虽收入不低，但也发不了财。因此，在外资企业这几年，她一直在寻找创业机会。

2017年底，在一场活动中，她结识了一位气质不凡的大姐。这位大姐从事美妆行业多年，有自己的品牌，在多个城市拥有分公司。

两个人一见如故，这位大姐打鸡血式的分享让熊莉激动不已，她感觉自己遇到了生命中的贵人，对方肯定是她走上发财路的引路人。

没过多久，熊莉毅然辞职创业，投入50多万元用于进货和装修，加盟了这位大姐的品牌。但让她倍感失望的是，美妆店开始营业了，却没什么生意上门。

其实，熊莉的店铺遭遇这种尴尬，并不令人意外。她对美妆行业完全不了解，只是觉得行业很火爆，就盲目跟风入场。

事实上，开美妆店在产品选择、加盟品牌选择、店铺选址和营销推广等方面，都是很专业的事情，绝对不是投入资金之后就可以躺着挣钱的。而这些细节，熊莉根本没有进行深入评估。硬撑了半年，眼看着生意没有任何起色，熊莉只能忍痛低价转手，她在商场上交了一笔不菲的学费。

创业者容易犯的错有哪些

众所周知，创业是一件高回报和高风险的事。公开数据显示，96%的创业公司都难逃“活不过三年”的命运。在创业过程中，创业者经常会犯哪些错误呢？笔者认为，通常有如下几个方面。

1. 追逐市场伪需求

在新经济形势下，商品价格通常由需求和供给决定。一般来说，我们将真需求称为痛点（强需求），就是能让足够多的用户频繁使用或购买产品，这就是强需求。与真需求相对应的是伪需求。伪需求要么是不能找到足够多用户的共同需求，要么是用户不愿频繁使用或买单的需求，俗称痒点（弱需求）或者无痛点（没需求）。

2. 盲目追逐风口

近几年来，“风口论”深受很多创业者追捧。因为风口意味着某一个行业的趋势，其中往往蕴藏着巨大的商业机会。创业者普遍认为，只要找到风口，就能轻易成功。但问题在于，创业者看见的风口并不都是机遇，因为很多人都看不清行业趋势和未来前景，缺乏长期的战略眼光。阿里巴巴创始人马云曾说，一个行业的发展，我们要看未来10年或者10年以后的发展情况。但很多创业者看不明白，就选择盲目跟风，看见什么项目火就做什么项目，以至于很容易滑落到“伪风口”中，结果赔得一塌糊涂。所以，创业者在选择创业项目时，务必谨慎选择发展方向。

3. 用人错误

企业在成长过程中需要招聘大量的专业人才和管理人才，而部分创业者往往会为了数量而忽视质量，为了感情而忽视了能力，因为判断失误而错信了人，结果造成工作延误，甚至给企业造成不可预估的损失。在常见的用人错误中，还有对重要业务判断不清晰及对公司发展阶段定位不清楚而产生的盲目扩招，这会造成人力资源成本过大，最后的结果是老板为大家打工，养了一堆不具备产出效益的员工。

除了所用非人的问题，在安排重要职位时，创业者还要注意人尽其才的问题。通俗来说，就是尽量把合适的人才放到合适的位置上。

4. 与市场脱节

在创业过程中，有些创业者因为种种原因，只顾埋头拉车，不抬头看路，他们不关心市场，不研究市场，只管埋头搞产品，生怕自己的创意拿出来后会被别人抄袭，然后还幻想产品一出来就能引爆市场，获得消费者疯抢。结果，产品出来后，连前来咨询的客户都很少。其实，一个产品或项目越早接触市场越好。接触越早，就越能早一点知道市场的反馈情况，并能及时做出相应的调整。在开发产品的过程中，创业者其实也不要一味怕被别人抄袭，一般而言，别人都是在你的产品有一定结果后才会抄袭你的产品，所以当你的产品刚出来还没经过市场验证时，一般是没有人抄袭的。等你的产品有了一定的市场影响力时，你已经超越别人一大截了，更不用怕别人抄袭。更何况从知识产权保护层面上来说，你还可以选择包装外观专利注册、专用技术注册等法律保护手段，所以这种担心是不必要的，还是应该尽快切入市场，通过市场去检验产品的成色。

5. 盲目扩张

很多高速发展的创业公司之所以会突然倒下，就是因为盲目扩张，导致企业规模太大。记得有一位投资公司的总裁是这样说的："盲目扩张的情况在我国非常常见，有些公司融到钱之后，感觉资金充裕，就开始疯狂烧钱。"他说，其实这些钱，大部分都用错地方了，根本没有起到预期作用。然而，当创业公司开始意识到钱花得太快，且又用错地方时，已经太晚了。

通过观察可以发现，很多公司将大部分资金都浪费在了对公司业务根本没有产生直接利益的地方。造成这种状况的原因是，创业者自我感觉良好，感觉自己公司账户里资金充足，而且他们觉得这样才能确保赚更多的钱回来。

理想很丰满，现实很骨感，等你发现资金耗尽时，事业却还没成功。在创业中，我们认为，无论资金多么充裕都要谨慎，如果公司业务在资金大量消耗的情况下没有取得实质性进展，就要及时止损，转变路径。须知，不懂得灵活使用计划资金的创业者，在接下来的融资中将会变得非常困难。

6. 哥们儿式合作，仇人式散伙

《三国演义》开篇有云：“天下大势，分久必合，合久必分。”分合是常态，聚散总无常。在创业过程中，很多人都会遇到同样的问题。可能一次偶然的聚会，几个朋友拍着胸脯说：大哥，我们干吧！共同成立一家公司，我们一起卖酒去！结果，几个朋友之间什么都没有明确，权责不清，甚至连股权划分都没有说清楚。结果后期酒卖得好，企业做大了，盈利了，大家就开始闹分歧了，再然后内耗越来越严重，几个朋友也无心做生意了，最后只能分崩离析。

司马迁在《史记》中说过：“天下熙熙，皆为利来；天下攘攘，皆为利往。”商场如战场，在商要言商，所以，当创业者在创业初期选择合伙人的时候，除了意气相投，还需要把退出机制、股权分配等原则问题说在前面，以免最后不欢而散。

7. 管理松散

很多创业公司往往管理松散，甚至没有管理，也没有企业制度，只是靠人情维系，甚至用“江湖义气”代替了规章制度，并且从来不给员工做培训，还美其名曰“扁平化管理”， 其实这不过是不懂管理的托词。创业者要明白，管理是公司的基础，公司如果没有明确的价值观和使命感，再加上创业初期老板事务烦琐，很多时候不能面面俱到，创业公司很容易走向混乱。我们用科学的管理方法将各部门的职能活动和各层级组织链接起来，才能让整个企业组织正常运行，这样的创业公司才能做大做强。

案例

巴强是一位美食家，自己也做得一手好菜。成都大街小巷的很多小饭馆，他都光顾过。每次有外地朋友到成都来，他都喜欢带着朋友穿街过巷，总能找到适合对方的口味。

2018年，有朋友建议巴强：你自己懂得吃，也会做，不如做一家餐厅。这样一来，不但可以解决自己的口腹之欲，还能作为接待朋友的地方，顺带可以赚钱，何乐而不为呢？

巴强一听这个建议，觉得确实不错。于是，他找到了另外两位朋友。三人一合计，一起投资40多万元，成立了一家餐饮管理公司，在成都市南一环上开了一家私房菜馆。几位股东的想法很美好，希望在几年之内把餐厅发展成为网红品牌，然后在全国的热门城市大量开放加盟店。

然而理想很丰满，现实很骨感。巴强本身性格散漫，并不是事业心很强的人，而另外两个股东，一个在企业上班，另一个还有自己的其他生意。所以，私房菜馆营业后，没有一个股东是全职在干事。老板没在，员工的积极性不高，服务较差，经常被食客投诉。除了开业活动期间热闹了几天，平时的生意半死不活。

对于这种情况，巴强也召集过股东开会商讨对策，但是商量好的解决对策却始终执行不到位。

因为管理混乱不堪，巴强他们的私房菜馆勉强开了一年左右，还是没能逃过关门倒闭的命运。

8. 创业者膨胀

企业的命运大多数时候和创业者的素质和行为紧密相连，当我们的企业做大了以后，取得了阶段性成功，这时可能就会出现很多鲜花和掌声，创业者如果不能清醒面对，就可能开始膨胀，甚至会出现花钱大手大脚、随意投资很多项目的情况，这就容易造成主营业务功能弱化，最后分支业务亏损，拖垮了主营业务。

这种情况往往说明创业者对自身的评价过高了，不再认真做成本控制，不再精打细算，在阶段性成绩面前迷失了方向。创业者要牢记，千里长堤，溃于蚁穴。创业是长期工程，不是短期活动，任何松懈与膨胀都可能导致创业的失败。

第三章

→

30分钟学会注册：开启伟大事业的第一步

给公司取个叫得响的好名字

创业开公司对于个人而言是人生大事，即将面对的大问题不少，小细节更多。前面两章，我们分别介绍了主要的准备工作，以及如何筛选商机。本章，我们一起来学习如何注册公司。严格来说，这一步才算是创业的实质阶段。毫不夸张地说，只有合法、顺利地注册了公司，你的伟大事业才算正式起步。

一个人的名字能给人留下或好或坏的第一印象，一个企业也一样。很多消费者都是从一家公司的名字开始去了解这家公司的产品的。一家公司的名字也许在一些创业者眼中不是最重要的事，但一个好名字确实有可能先声夺人，让普通消费者瞬间关注到你的公司和产品。所以，取一个能让自家公司在众多同类公司中脱颖而出的好名字，还是很有必要的。

一、公司取名的常见方法

华夏文明源远流长，历史悠久，不管是文学方面、哲学方面，还是历史方面，都有足够的沉淀，一个朗朗上口、容易被记忆的公司名称，先天便具有传播上的优势，如果能够让人很快地记住你的公司名字，进而给予关注，会带来更多的商业机遇和未来价值。好的公司名能带来较大的社会影响，在宣传上可以起到事半功倍的作用，用自媒体热词来描述，即能够带来更多的流量和粉丝。那么，如何给公司取个好听易记的名字呢？笔者为广大读者提供以下几种方法作为参考。

1. 动物取名法

如天猫（电商品牌名）、小豹子（酒类品牌名）、小天鹅（电器品牌名）、熊猫（电视机品牌名）、凤凰（传媒品牌名）。

2. 植物取名法

如苹果（手机品牌名）、芒果（传媒品牌名）、土豆（传媒品牌名）、百合（婚介网站名）、美柚（手机软件名）、毛豆（购车网站名）、西瓜（传媒品牌名）。

3. 数字取名法

如999（感冒药名）、361°（运动品牌名）、555（香烟品牌名）、360（杀毒软件名）。

4. 人名取名法

很多有远大抱负或有才华的创始人干脆用自己的名字来命名公司，或是取几个合伙人名字的其中某个字进行组合，也是一个非常好的创意，这样一来大家会很有荣誉感，干劲十足。例如，特斯拉（汽车品牌名）、福特（汽车品牌名）、李宁（运动品牌名）。

此外，以身边熟悉的亲人名字或后缀作为公司名，想必这样的名字倾注了亲情和感恩之情，这个名字你可能一生不会放弃，会坚定你把公司做下去的决心。如果即将开创的企业用了这个名字，就如同倾注了你的爱和激情，会让你一生为之努力，永不言弃。

5. 叠音取名法

如滴滴（出行软件名）、探探（社交软件名）、脉脉（社交软件名）、钉钉（办公软件名）等，用这种方法取的名的优点是容易记，朗朗上口，利于传播。

6. 小地名取名法

地区名、城市名、名胜名等在工商注册时会遇到困难，这时可以选择地方上有的，但却不在行政名称上出现的名称，可以是故乡记忆中的情怀之地，也可以是大众约定的俗称，这样注册时就容易通过。

7. 诗词断句取名法

可以将你熟悉的古往今来优秀诗词中，你认为具有美好寓意的句子攫取片段作为公司名字使用，这样取的名看上去会颇具文化内涵。

8. 加字词取名法

取的好名字被人已经注册的注册不了，适当加一两个寓意美好的字词组合上去，也是一个可行的方案。虽然短名字容易被别人记住，但当你不能取舍的时候，加字词取名法是一个很好的选择。

9. 方言谐音取名法

中国各地都有自己独有的方言体系，有的方言虽然不能朗朗上口、人尽皆知，但却表达了很好的寓意，以方言俚语作为公司名不失为一种别样的选择。

10. 外文译音取名法

虽然外文的汉语译音看起来很怪，但却有满满的国际时尚味道，配上英文设计会显得很潮。

11. 互联网流行词汇取名法

当下互联网语言迭代很快，具有潮流感的互联网热词公司名可以帮助公司吸引线上粉丝。

二、公司取名的忌讳

需要特别提醒的是，在给公司取名时，公司名称千万不要与国家法律法规相冲突，违背地方民俗和伦理道德，也忌讳名称中含有侮辱、诽谤、歧视性语言，更不能背离主流文化并与政治、名人关联，这样是无法注册的。此外，也要注意所取名称的汉语读法是否会产生寓意不好的谐音，让人产生不好的联想。至于说一些恶意搞怪的取名，更要杜绝，它没有实质意义。

案例

2016年8月底，万达集团创始人王健林在接受媒体采访时的一句话走红网络。在谈及“心有多大，舞台就有多大”这个话题时，王健林表示，心和舞台是一个逐渐放大的过程，很多创业者上来就说要当首富，但是却没有目标。“想做世界首富，这个奋斗的方向是对的。但是最好先定一个能达到的小目标。比如我先挣它一个亿。”此话一出，网友们脑洞大开，“先赚它一个亿”衍生出了各种版本，并成为网络流行语。

而王健林的这句话也被一些人充分利用，成为炒作的噱头。比如，2017年2月，深圳就有人注册了“深圳赚他一个亿科技有限公司”，注册资本1000万元，公司主营计算机软硬件的开发与销售、信息咨询服务等。

这个公司是不是真正在做计算机软硬件类生意并不清楚，但很显然，公司的名字是借王健林的“名言”，搞了一个很大的噱头。至于这种噱头能否给公司带来实际的营销效果，需要打一个大大的问号。

2021年7月4日，笔者查询国家企业信用信息公示系统（广东）显示，该企业处于注销状态，注销日期为2020年3月16日。由此可见，在公司取名上，过于奇葩的做法，不一定能取得预期效果。

选择公司办公地址的四大考虑因素

如何选择一个价格适中、交通方便且环境不错的地方作为办公地址，是很多创业者在创业初期比较头疼的问题。“高大上”的办公场地够气派、有排场，能让公司显得很有实力，就位置而言，CBD商务中心当然最棒，交通便利，配套完善，不过这也意味着价格不菲。而对很多创业者而言，资金通常并不宽裕，所以，选择办公场地还是要结合初创企业的实际情况进行合理选择。

根据我们的实践经验，以下几点选址标准，供创业者在选择办公场地时参考。

一、根据行业特点和经济实力选择

基于经济实力和实际需要，绝大多数初创企业完全没有必要自己来修建办公楼，租赁办公场所是当前最为流行的做法。

目前，无论是一、二线大城市，还是县城乡镇，装修风格各异、租金档次不同的写字楼遍布各地，这些写字楼配套完善、功能齐全，初创企业可以根据自己的资金实力、行业特点等因素，灵活选择适合的办公场所。

二、选择租金低或免租金的产业园

近年来，各地政府建设了众多的工业园、高科技创业园、创客园等各种产业园区，这些产业园区除了厂房以外，往往配套建设有办公场所，而且还常常有免收房租、水电费等优惠措施，如果新创企业能够充分利用这些办公场所，不仅可以使生产和办公紧密结合，还能节约很多宝贵的资金，这也不失为一条轻松上路的便捷之途。不过，产业园性质的办公场地往往会距离中心城区较远，客户登门拜访可能不太方便，所以，创业者要根据自己企业的实际情况，来选择适合企业的办公场所。

三、选择同行业聚集区域

创业者在选办公场地时，也是在给员工选择沟通圈子，或者说同时在选择信息沟通渠道。一些关联行业的客户信息可能会给公司带来价值连城的商业价值和信息。比如，就供应链而言，如果生产包装盒需要的瓶子、盖子和物流配套企业都在同一个产业园区内，那么初创企业就可以和这些行业上下游企业建立生态链，起到和同业客户共享共生的作用。

创业者在同行业聚集区域进行办公选址时，还可以把更多的因素纳入进来，进行通盘考虑。比如，除了考虑上下游企业的供应链问题，还需要认真评估竞争对手、终端消费者、新的替代者等因素对自己是否有利。比如，竞争对手能够鞭策我们不断进步；消费者能够帮助我们及时了解客户需求等。

不过，值得注意的是，同行业企业聚集办公，有可能造成企业人员流动加快，给人才队伍建设带来更大压力。

案例

众所周知，很多行业的企业喜欢扎堆办公，目的是便于客户或消费者进行集中采购和挑选。这也是很多城市有专门的产业园区和特色一条街的原因。比如，成都的太升南路就是闻名中外的手机一条街，几乎所有国内外品牌手机以及手机配件都可以在这里找到。

孔杰之前是一家机电公司的营销老总。2017年上半年，他辞职出来单干。为了节约成本，他的创业公司选址在离市区40公里的一个镇上，不但交通极为不便，周围也没什么配套的设施，更别说专业市场了。这直接导致他的公司客户寥寥无几。

因为太不方便，外地来的客户经常私下抱怨，说来孔杰的公司一趟不容易，住店吃饭条件简陋不说，想去专业机电市场对比一下同类产品都很麻烦，因为大部分时间都耽误在路上了。

孔杰在得到客户的反馈之后，及时进行了调整。他将公司的生产基地留在原处，专门将公司的日常办公及营销部门移到了市区，而且办公地址离机场不远，市区的办公室摆放着公司所有样品。这样一来，极大地方便了外地客户，生意也逐渐好转。

四、选择交通发达的区域

交通方便，离中心城区近，是很多创业者在选择公司办公地址时优先考虑的硬性指标，这样的办公场地能够让初创公司与外界沟通更为便利。便利的交通不仅能大大缩减公司的时间成本，与此同时，还可以为我们缩减运输成本，在快节奏运转的现代社会，交通的重要性无须多言。

当然，在公司选址上，创业者在考虑上述四大因素时，还需要坚持以下几个原则。

1. 费用最小化

一家企业的诞生，大多是为了赢得更多的利益，古话说：赔本的买卖没有人做。如果一家企业成立不是为了赚钱，那就显得有些不务正业了。当一家企业创立后，各种费用支出会层出不穷，为此，创业者一定要采取费用最小化原则，该花的钱用到实处，不该花的坚决以节约为主。企业选址也是如此，应该贯彻费用最小化原则。

2. 利于吸引人才

在竞争异常激烈的现代社会，大家都知道，人才是企业最大的财富，企业的选址一定要以有利于吸引人才为导向。假设企业所在地交通不便，甚至创业者把企业建设在那些荒无人烟的地方，可以设想，有谁愿意来这样的企业工作呢？以华为为例，如果任正非把企业选择建立在西北的大沙漠而不是国际化大都市深圳，那么，肯定会妨碍一家高科技公司的成长。而任正非很明智，他选择了中国最具朝气和最具发展潜力的深圳作为华为成长之地，这里年轻人多，高科技企业多，又靠近海外市场，很多年轻人和很多名牌大学毕业的科技人才都不远万里来到这里追逐他们的梦想，这样一来，华为就能很好地吸引到优秀人才，随时为自己注入新鲜的血液。

3. 靠近消费者

假如我们是一家关系民生的企业，那么尽量接近消费者就很重要。比如一家啤酒厂，如果把厂址选在深山老林里，恐怕运输成本都会非常高，也不利于打响知名度，那么就应该选择离销售地或者消费者比较近的城市地区进行生产才更合理。这样不仅能节约运输成本，还容易和广大消费者打成一片，形成良好的互动氛围。

4. 着眼长远发展

一旦企业地址确定下来，如果立足于长期的生产经营，就一定要有长远的战略眼光，对企业进行合理的发展布局。在市场经济发展日趋全球化的今天，我们要具备长期战略意识，如靠近科技开发中心或产业集中地，这样才能方便企业在未来发展中抢占产业集中化优势和趋势机遇，积极向国内外学习新技术、新思想，这样才能够保证企业具有行业前瞻优势和良好的活力，适应长远发展的需求。

办理营业执照其实很简单

在阅读本节之前，我们需要一起了解一下什么是营业执照。从广义上来讲，营业执照是由国家工商行政管理部门发给企业和经营者的经营凭证，是由国家市场监督管理总局统一制定的。一般来说，营业执照分为正本与副本，两者都具有同样的法律效力。

当有了合法正规注册的营业执照之后，我们就可以开展市场经营活动了。当然，没有营业执照固然是非法营业，但有了营业执照也要遵守国家的法律法规，不能售卖假冒伪劣产品和国家不许贩卖的产品，因此，在经营活动中，创业者一定要遵纪守法、严格律己。

一、营业执照正本与副本的区别

在市场经营活动中，或许我们会经常看见正、副两本营业执照，其实按照我国法律来说，这两本营业执照都具有相同的法律效力。二者内容大同小异，只是在表现形式和使用的场所上有所区别。根据我国相关市场管理要求，正本必须悬挂在经营场所比较显眼的位置，比如店铺中大家能看见的地方，或者是公司显眼的地方。一般来说，副本尺寸较小，方便随身携带，在外面办理业务时使用。

二、实缴制已改为认缴制

我国在2014年对《中华人民共和国公司法》做出了相应的修改，这一修改对于很多创业者来说，简直是国家送给他们的最大红利。我们都知道，之前注册公司都是实行实缴制，也就是说，你的公司注册资本是1000万元，那么在注册公司的时候必须要实缴1000万元进去，但2014年3月1日国家对《中华人民共和国公司法》进行改革，把实缴制改为了认缴制，大大减轻了创业者的负担。也就是说，除国家法律、行政法规、国务院规定需要进行实缴的注册资本外，其余的都可以实行认缴制（即如果注册资本是50万元，那么你填写上50万元就可以，只要在相应的时间之内把注册资金缴足即可）。国家的这一项改革可以说是真正地鼓励了“大众创业，万众创新”，并且有利于我国建立良好的信用体系，通过这样的举措也有利于推动资源配置方式的转变。

三、工商注册需准备的资料

（1）全体股东签署认可的《公司设立登记申请书》（如果委托相关公司代理办理则可免去签署《公司设立登记申请书》）；

（2）全体股东签署认可的公司章程；

（3）需提供自然人和法人以及所有股东的身份证原件和复印件；

（4）需要监事、经理、董事的身份证原件和复印件；

（5）本人不能到场的，需指定代表，并准备好委托代理人的相关证明；

（6）办公场所使用证明。

四、营业执照办理流程

1. 核准名称

时间：1～3个工作日。

实操：当我们确定好公司的注册资本、股东类型、名字以及公司股东出资比例后，就可以直接去找代办公司代办相关事宜，或者也可以自己直接去当地工商局办理，当然，我们还可以直接线上提交核名申请。

结果：核名通过则皆大欢喜，若失败则需要重新申请。所以，在核名前，最好准备几个备选名称。

2. 提交资料

时间：5～15个工作日。

实操：提交资料或许要5～15个工作日。当我们通过了核名，确认了经营范围、高管信息、地址信息后，就可以按工商局给出的时间，去工商局提交申请资料了。

结果：收到《准予设立登记通知书》。

3. 领取执照

时间：预约当天。

实操：领取营业执照是一件非常开心的事，当我们收到《准予设立登记通知书》后，需要拿着《准予设立登记通知书》和经办人的身份证原件到国家工商行政管理部门领取营业执照（营业执照包含正本、副本）。当然，如果创业者是找专业委托机构代办，虽然有一定的手续费，但避免了亲自办理的麻烦，直接等着代办机构帮我们领取营业执照即可。

结果：领到营业执照。

五、后续事项

当我们拿到营业执照后，还不能马上营业，需完成以下几个程序才能正常营业。如刻章、办理公司对公账户（俗称“公户”）、报税登记等流程。

1. 刻章

一般来说，我们需要拿着营业执照到公安局指定的刻章地点雕刻相应的公章，如财务公章、合同公章、法人公章、发票专用章等，这是将来公司经营必不可少的工具，具有相应的法律效力，所以刻好的公章一定要妥善保管。

2. 办理公司对公账户

公司注册完成后，需要到银行办理公司对公账户，也就是基本户。基本户是公司资金往来的主要账户，经营活动的日常资金收付，都可以通过这个账户来办理，公司账户的往来明细是报税的重要依据，所以资金进出一定要符合法律法规。在现行政策下，一个公司只可以开设一个基本户，为了办理业务方便，相对应的一般户可以开设很多。

3. 报税登记

当我们完成公司注册后，还需携带银行开具的公司对公账户相关资料到国家税务机关进行报税登记。在一些地方，为了方便创业者，只需经办人带着公司对公账户证明材料和营业执照、法人公章等凭证，去国家税务机关登记一份表格即可，无须公司法人代表亲自到场办理。当然，我们需要如实填写相关内容。之后，再返回开户银行，银行会给我们一份公司对公账户信息表和两个U盾以及一张银行卡，公司对公账户信息表上有企业名称、开户行名称、银行账号等信息。当公司有了对公账户之后，就可以对外进行资金往来了。

4. 开设社保账户

一般来说，企业注册完成之后，企业财务负责人需要在30天内到辖区社保局去开设一个社保账户。在办理社保账户的同时，我们还需要和银行签订三方协议、办理《社会保险登记证》及CA证书等，然后，当社保费用需要缴纳时，社保部门就会从我们的银行账户里自动扣除社保的相关费用。

5. 申请税控机及发票

公司开展经营和报税，离不开发票，当我们的公司需要开发票时，就需要申请税控机了，当完成税控机的申请和使用培训后，公司的财务负责人就可以自行开发票了。

6. 企业年报

按照《企业信息公示暂行条例》规定，企业应该在每年的1月1日至6月30日报送上一年度的年度报告，内容包括主要财务数据和指标、股本变动及股东情况、基本情况简介等。

企业年报非常重要，如果不按时上报年报，后果严重。根据规定，一般需要上报年报的企业是注册时间为规定的前一年12月31日前的国内企业。根据工商行政管理的规定：如果我们的企业未在相关规定时限内上报公司年报，那么国家工商行政管理部门就会把公司载入企业经营异常名录，并进行罚款。而超过3年都没有上报企业年报的企业，就会被直接纳入严重的违法企业“黑名单”内。当企业被纳入经营异常名录后，企业将会无法进行变更、转股、注销和对外合作等。除此之外，还会对企业法定代表人、高管进行一定的行政限制。

7. 营业执照丢失和补办

如果企业的营业执照不慎丢失了，为防止造成不良影响及产生严重后果，必须立即挂失和补办。具体程序可先咨询国家工商行政管理部门，然后尽快登报启事并补办。

8. 营业执照变更程序

当企业需要注册变更或者需要变更股东名称时，需要按以下步骤来做：

（1）需要填写《公司变更登记申请书》，此申请书需由公司法定代表人签署；

（2）需要填写《指定代表或者共同委托代理人的证明》，此证明由公司法定代表人签署并盖章；

（3）营业执照变更程序需要由公司股东会议决议或决定。

9. 营业执照注销程序

因各种原因，当公司或企业需要注销时，需要先成立一个清算小组对公司的债务、债权等进行清算，以确定各种权责，然后还需要向国家税务机关提出注销税务登记的申请，当国家税务部门把公司的税务全面清查后，国家税务机关会出具许可注销意见书，这时就可以到工商局去申请公司注销了，然后工商局会要求企业在公开媒体刊登相应的清算公告（注意：需要在媒体上公开三次，并且相关的样板需要报送给工商局），在工商局规定的时限内，假如无其他单位对企业提出注销意见，工商局会给申请企业办理注销手续。

具体的注销步骤如下：

（1）需先拿到国家税务局的相关登记表格，然后按照要求填写信息，在缴销发票、签字、盖章、补税后，国家税务局才会收回税务登记证，然后还会出具一张注销税务登记的通知书；

（2）拿着注销税务登记通知书，注销银行账户；

（3）税务部门、银行的核销手续办完后后，还需要去工商局拿表格，填写完成后，我们需要将表格交回到工商局，根据规定，工商局这时会收回企业的营业执照。

开设对公账户必须注意的细节

在不少创业小白看来，开设对公账户，银行有一套既定流程，无论是自己去预约，还是请代办公司去办，应该很快就能搞定。但在具体办理中却往往出现意外情况，稍不注意或经验不足，创业者可能会遭遇银行“踢皮球”等情况，从而浪费宝贵的时间。

案例

自2000年大学毕业后，从事新闻工作的老黄已经在职场奋斗了20年。随着年龄增长，老黄想在43岁这年好好利用一下这些年积累的经验和人脉，转换人生跑道，为自己后半生好好搏一搏。

打定主意之后，老黄邀请了两位平时关系不错的哥们儿进行商量，询问他们对开一家广告传媒公司是否有兴趣。让老黄没想到的是，当他把计划和盘托出时，立即得到两人的赞同和支持，愿意成为公司合伙人。

经过商议，在三个合伙人中，老黄出资最多，是大股东，他也是一位媒体专家，在媒体工作时，就是广告部主任，手里握有不少现成的广告客户资源，拟任公司法人代表和总经理；二股东老柯出资额排第二，是一位设计专家，曾经获得过不少国内外的行业大奖，拟任公司监事；三股东老薛出资额最少，虽然专业能力和经验不及老黄和老柯，但他勤奋好学，不怕脏活累活，拟任公司经理。

就在三人摩拳擦掌，只等对公账户开设后，即可对外签订合同之时，却遇到了一点小麻烦。

原来，按照代办公司的交代，老黄约了一家国有大型银行的工作人员上门拍照，核查公司情况。银行工作人员客客气气地来了，在三个合伙人的办公现场转了一圈后，也没说什么就走了。但一周后，当老黄兴冲冲如约跑去银行开户时，开户的经办人员却告诉他：公司的对公账户开不了！

老黄一下子就蒙圈了。在他的印象中，银行是最讲究规则的，做事也认真，办理任何一件事，要经历多人审核，各种章几乎要把一张纸盖满，才会通知结果，怎么突然说不行呢？

“对不起，你们公司的注册地址，上面已经有几家公司挂着了。目前情况不能开设对公账户，您要么更换公司注册地址，要么让这些公司迁走。”银行工作人员坚持按章办事。

老黄有点恼怒，之前代办公司和房东都告诉他，每个商业办公地址最多可以挂靠10家公司，怎么突然就不行了呢？他向对方解释了半天，但银行工作人员坚持原则，根本不为所动。老黄无奈只能打道回府。

一、开设对公账户，你必须注意几个细节

从上面这个案例中，我们可以看到，以往经验并不是必然准确，因为，这个世界最大的不变就是变化。2020年伊始，全球经济形势随着新冠

肺炎疫情的传播，发生了很大的变化，各国政府的管理政策都在变化。一个老政策昨天还在使用，一夜之间，就可能启用新政策。而这种变化，除非是身处某一行业且每天都在经办的人会第一时间知晓，其他人至少需要一两个月甚至更长时间后才会知道。比如，协助老黄办理相关注册业务的代办公司对开设对公账户的最新政策变化并不清楚，就算老黄再生气也于事无补，问题还得想办法解决。

那么，在开设对公账户时，创业小白应该注意哪些细节呢？

1. 确认租赁的办公用房是原始房东的

如今，每个城市都存在大量的二房东，这些人低价从不同的原始房东手里租来一些毛坯房，简单装修一下，然后高价转租出去以牟利。如果你租赁的办公室不是原始房东的，而是二房东的，后面需要房东协助办理相关手续时，就可能会面临不少麻烦。因此，一般在房屋租赁合同的签署过程中，我们要尽可能地只租赁原始房东的房子，在条件许可的情况下，还需要求房东提供房屋产权证的原件和复印件以及房东的身份证。如果房屋产权证是两人或多人共用时，我们甚至可以要求房东提供所有产权人的身份证或者复印件。

2. 向房东确认，租赁的办公用房没有其他公司挂靠

2020年之前，部分城市允许一个地址可以挂靠多家公司，但根据最新监管政策，很多银行为了消除潜在风险，从根本上铲除骗子公司的生存土壤，原则上不再接受一个地址有多家公司登记的情况。当然，也有个别银行强调，可以接受一个地址不超过3家公司的情况。

3. 银行工作人员上门拍照、核查时，需如实报告情况

如果你和老黄一样，不小心租到一间已挂靠有多家公司的办公室时，

也不必惊慌。当银行工作人员上门拍照、核查公司情况时，你可以如实向对方报告真实情况。同时，你也可以积极提供相关佐证资料，比如你以往的业务或产品、与客户的交流信息等，以便让对方相信，你的公司从事的是真实合法的业务，你的公司并不是电信诈骗公司或空壳公司。当你取得银行工作人员的信任之后，对方会愿意和你一起商量解决办法。

4. 被一两家银行拒绝不代表开不了户

如今是市场经济时代，大多数银行都是商业银行，不同银行之间同样存在激烈竞争，大多数银行的领导和员工都一样在绞尽脑汁地寻找优质客户。只要你从事的是合法生意，在开户过程中就算因为某个环节有问题而被一两家银行拒绝，也并不代表你的公司就开不了户。这些拒绝你的银行，主要是不想惹麻烦，害怕遇到骗子公司，担心一旦爆雷，会受牵连。这种担心看似正常，实则有懒政之嫌。此时，你不必懊恼，可以尝试联系地方性银行或大行郊区分支行。因为在城区的大行，基本不愁客户，但地方性银行和大行郊区分支行想找优质客户就没有那么容易了。作为企业客户，就算你的公司在开办初期业务量不大，但如果发展得不错，慢慢做大，对他们来说，后期带来的好处可谓不少。在没有违背监管部门底线的前提下为你的公司开户，何乐而不为呢？

总之，在开设对公账户环节，你必须尽可能地把隐患消除在萌芽状态。如果经验不足，万一碰到一个地址登记有多家公司而被银行拒绝的情况，也不用惊慌，只要如实告知银行，取得对方的信任，依然有可能开设对公账户。

二、开设对公账户需要准备的资料及流程

搞清楚了开设对公账户的注意事项之后，那开设对公账户时到底需要准备哪些资料，流程又分为几步呢？

1. 需要向银行提交的资料

（1）公司营业执照正本、副本；

（2）公司章程；

（3）公司法人代表身份证原件、复印件；

（4）公司合伙人或股东身份证复印件；

（5）经办人身份证原件及复印件；

（6）法人章、公章、合同专用章、财务章；

（7）开户银行要求提供的其他材料。

2. 对公账户的办理流程

（1）提前预约银行客户经理，确认去柜台办理的时间；

（2）带齐所有资料；

（3）在相关工作人员的指引下签署相关文件，在每一份文件上盖章；

（4）一般来说，开户的银行会在相应的规定时间内，将我们的相关资料报送中国人民银行，通常情况下，5个工作日后，中国人民银行就会下达我们的开户许可证；

（5）相关工作人员会通知我们到银行去取证件、U盾和回单卡；

（6）在银行客户经理的指引下，进行账户存款等操作。至此，开户工作完成。

设计一个好徽标

一个优秀的企业徽标（logo）可以传达企业所从事的行业特征和企业自身的特点，并赋予未来美好的寓意，是商品营销的良好辅助，在视觉传播上能帮助客户唤醒交易记忆。

徽标的设计是一项专业的工作，通常在徽标设计时会考虑企业所从事的行业特征、企业名称所赋予的独特文化内涵等，这需要给予色彩、造型上独特的定位，从构思、推敲、绘制到完成，是一个完整的工作过程。

在专业的徽标设计过程中，通常会有3个以上的设计师进行同步设计，最后呈现出几十款甚至上百款不同表达形式的作品，通过内审评测会议初步遴选后，团队再进行优化、延伸设计，最后进行终审评测方能定稿。

这是一个非常严谨的操作过程，凝聚了设计师的思想精华。在徽标设计定稿上，相对于企业视觉传达系统而言，围绕徽标进行的系列设计工作如标准字体规范、色彩组合应用规范、企业应用系统规范等，涉及企业应用系统识别、外部传达系统识别，涵盖了产品、建筑物、吉祥物、专卖店、互联网推广识别等，能够全方位传达企业的特有文化。

完整的企业文化塑造是一项系统工程。企业文化包含了企业的经营哲学和行为准则，既是对外识别的尺度，也是增强企业凝聚力的重要工具。

对于创业小白而言，创业初期就有实力进行完整的未来规划是件幸福的事情，拥有一个漂亮的徽标和完整的识别系统，可以有效提升企业的整体形象。

下面，我们来具体分析，一个好的徽标应具有哪些特征。

1. 有深远的寓意

一个好的企业徽标，一定要有深远的寓意，而不是随便设计一个就行。以贵州茅台集团徽标（见图3-5-1）为例。

图3-5-1　贵州茅台集团徽标

该徽标的寓意是：外形为圆形，采用红蓝对比法，为抽象的鹰形，象征企业犹如展翅腾飞的雄鹰，隐喻表达集团公司的英文缩写“M”。以鹰象征其企业的恢宏气势，展示自身强大的文化生命力和鲜明厚重的企业社会形象。

2. 简单易懂

有的创业者想在徽标上表达的东西太多，于是设计的徽标过于复杂，外人一般看不懂。其实，好的徽标一定是简单易懂的，就算是第一次看到它的人，大概也能看懂企业想要传达的含义。

3. 用色很讲究

好的徽标应该有自身想要表达的特性色彩。以美国的著名企业可口可乐公司的徽标（见图3-5-2）为例，其徽标主打大红色，色彩鲜艳，搭配活跃飘逸的字体，彰显年轻、活力、运动的特点，比较符合年轻人的消费心理。

图3-5-2 美国可口可乐公司徽标

4. 字体选择不随意

除了颜色，字体选择在徽标的设计制作中也极为重要。不管是以字为主体造型的徽标，还是从字体变异为辅助图形的徽标，字体在整个徽标中都占据着重要位置。比如，如果你的公司业务和儿童相关，那么，公司的徽标字体可以选择呆萌可爱的字体，这样更契合儿童群体的消费心理，容易获得他们的好感。

案例

宋彬是一位很有才华的画家，曾经获得过省市级专业绘画比赛的大奖。2020年6月，他和一位老同事合作成立了一家设计培训公司。

宋彬出资最多，占股70%，是公司大股东，出任董事长。他的老同事出资相对较少，占股30%，出任总经理。

两人平时关系很好，但在公司徽标的设计上，两人发生了较大的分歧。在宋彬看来，既然是设计培训公司，徽标一定要“高大上”，给人一种专业、高端和有内涵的感觉，所以越复杂越好，哪怕客户看不懂都没关系，实在不行可以解释。而他的老同事觉得，徽标应该尽量简约美观，能传达出一两个含义就行，太复杂反而会让人觉得是故作高深。

两人在徽标设计理念方面互不相让，为此发生过多次争吵。因为宋彬是大股东，最终设计师只能采纳他的意见。公司成立后，好几个客户都开玩笑说：宋总的公司徽标太“高大上”了，一般人根本看不懂。

因为徽标的事情发生间隙，加上在管理理念上差异较大，一年后，二股东选择退股，合作正式终止，两人的友情也受到严重影响，委实令人唏嘘不已。

第四章

→

30分钟组建团队：一个好汉三个帮

选择靠谱的合伙人

有句话说得好："一个人可以走得更快，但一群人可以走得更远。"这句话用在创业上，可谓极为贴切。因为一个人的能力再强，也是有限的，多一个事业伙伴，资源和人脉也会得到大大扩展。接下来，笔者将与大家一起探讨，如何选择靠谱的合伙人。

一个人创业，要面对的困难往往很多，其中最大的困难是资金问题。创业起步阶段，一个人的资金通常是有限的，需要找几个共同出资的合作伙伴。另外，一个人的人脉关系、专业能力和思维能力也是有限的，需要合作伙伴集思广益，减少犯错的概率，共同把事业做大。显然，选择靠谱的合伙人对创业能否成功至关重要，那么，如何才能找到这样的合伙人呢？

1．三观相同更好，如若不然，至少得目标相同

从某种意义上说，找合伙人比找人生的另一半还要困难，因此三观契合很重要，如果三观不同，后续会面临很多隐患。当然，即使三观不同，

也是可以合伙的，只是这种合伙常常成不了大事罢了。而如果合伙人之间三观有差异，则目标一定要相同，这一点至关重要。比如，一个合伙人是希望挣快钱，希望做一年就把公司卖掉，而你的目标是希望长线做大，最好能做成百年老店，这个时候，就说明你们的目标是不同的。除了三观不同，目标还不同，这样的合伙很难走得长远。

2. 股东多多少少都要出资

这是个很简单的道理，因为无论合伙人说得再好，如果他不肯掏钱，那么他说的话就只是一种表象。所以找合伙人，无论如何，也一定要让对方出资，当然出资也不一定是完全按股份比例，合伙人也可以以技术或资源入股作为股本金的一部分，但现金部分是不可少的。

从人性的角度出发，不掏钱的合伙人很难把创业当作自己的事情，至少从笔者的创业经验来看，但凡是合伙人不掏钱的项目，最后大概率的结果是矛盾重重、半途而废。

3. 所有协议白纸黑字事先签好

俗话说："亲兄弟明算账，丑话说在前头。"这句话虽然不太好听，却是古人流传下来的生活智慧。所以，合伙人之间除了要大谈理想、展望未来，还要多考虑困难和各种极端情况，需要把所有疑虑、不安、不解等都事先说清楚、谈好，并且白纸黑字固定下来，这样将来发生有争执时才有所凭据。

4. 对合伙人有敬畏之心

创业者需要在意识上明确合伙人的定义，你和合伙人必须非常清楚，合伙人绝不仅仅是合作伙伴，而是利益共同体。合作伙伴谁都可以是，比较宽泛，但合伙人却不是随便什么人都可以当的，"宁缺毋滥"这个词尤其适合用于找合伙人。合伙人选择不慎，任何事业都不可能成功。所以，有共同的目标和信念，有共同的志趣爱好，在大事上观点一致，小分歧上能相互包容、求同存异，这样的事业伙伴才是一起创业前行的好合伙人。

5. 合伙人不能有与合伙项目竞争的事业

笔者在创业生涯中曾有几次与人合伙，有一次与一个合伙人一起开了一家礼品公司，主要针对节日进行礼品销售，如大闸蟹礼券、月饼礼券等，产品多用于企事业单位发放给员工的福利。当时，合伙人的老婆还有另外一家公司也是做这个业务的，这个事笔者事先知道，合伙人也明确表示不会影响我们公司的业务，因为笔者和这位合伙人认识多年，且相信了对方的承诺，所以也就没有深究，照常把公司开办了起来。结果，笔者还是大意了，合伙的礼品公司一年后就经营不下去了。因为两家礼品公司之间存在的利益关系，总是有难以言说的暧昧之处，笔者的合伙人也没有把所有精力都放在合伙企业内。

因此，合伙人之间，谁都一定不能有和公司利益有冲突的类似事业，否则后患无穷。如果一定要合作，也应该要求合伙人结束这种利害关系，再进行合伙。

6. 必须有且只有一个老大

很多好朋友合伙开公司时常常会说：“兄弟感情好，股份平半分。”这样的例子并不少见，两人合伙时基本会定下每人50%的股份比例。在公司决策上，也没有明确谁是主导，这样做，很容易造成各说各话、谁也无法决策，结果常常是不欢而散。

俗话说：“家有千口，主事一人。”就股份比例而言，对等股份这样的结构，后期第三方资本也不喜欢介入。这是因为，这样的企业决策权不明确，对外的发声没有主导性，合伙人之间往往会基于对等的理由产生误会，这样设定股本结构的创业公司，表面上是为了团结，事实上却可能是埋下了定时炸弹。

7. 磁场要合

磁场契合对合伙人而言也很重要。有些人你一旦遇见，就知道是自己的同路人，会成为一辈子的朋友。而有些人，即使平时关系不错，但总会觉得哪里不对。如果合伙创业者的性格不合，彼此在一起又不能做到性格互补和包容，那就很难走到一起。比如，一个务实的人遇到一个性格相对浮躁又比较注重外在形象的人，两个人短期合作可能无所谓，但每天在一起共事，朝夕相处，彼此性格的特点就会逐渐突显出来，时间长了难免相互反感，最后难有始终。

8. 能力互补

寻找能力互补的合伙人是很多初创企业诞生的基础，这个是显而易见的，因为，如果仅仅是为了找钱，不如直接找天使投资人好了。现实创业中，资金往往只是企业成败的一环，其他如产品研发、产品营销等环节也十分重要。所以，很多创业者在寻找合伙人时都倾向于找跟自己能力互补的人。比如一个懂技术，一个懂市场，这样的合伙人组合在能力上能够相得益彰，才显得有意义和有优势。

9. 资源与资源的合伙很难长久

如果一个公司的两个合伙人，双方都只拿资源出来，而都不能或不愿过多投入时间和精力，那这个公司是做不长久的。这种情况常见之于传统行业，找到一个项目订单就筹划开始合伙了。比如，接个施工项目什么的进行合伙，没有明确的未来目标，在各种具体事物上，合伙人之间彼此推诿，谁都不想负具体责任，公司的具体事务积少成多，合伙公司也就越来越难做。在一个正常的合伙公司管理中，必须至少有一个合伙人是投入了他的全部精力和时间才行。

10. 了解合伙人的另一半

人是复杂的动物，表面所说的往往和实际所想的相差甚远，那怎样才能简单有效地考察自己的合伙人呢？通过观察、了解合伙人的另一半来了解合伙人的真实情况，是一个不错的方法。笔者有个好朋友，他在选择合伙人时往往会要求见一次对方的妻子或者女友，他认为，在这种朝夕相处的伴侣关系中，一个人是很难隐瞒自己的真实面目的，所以，见一见合伙人的另一半就大概可以知道这个合伙人是否真的靠谱，而且在合伙之前，确认能够得到合伙人另一半的全力支持，对于将来的业务开展也大有好处。笔者觉得这个主意很好，简单易行，而且效果明显。

11. 明确合伙人退出机制

在合伙之前就约定退出机制，也是创业开始前需要完成的预防措施。这个退出机制包括目标的设定，比如，双方合伙的期限，是以目标来对应无固定期限的，还是以目标达成作为期限的，这些都需要白纸黑字签下来。然后还需要规定，如果连续多少时间有出工不出力的情况，该怎么办等。这样做都是为了减少将来的矛盾分歧。要知道，每个人身上的创业精神是不同的。共同起步的人，半路分手，也很常见。有了退出机制，合伙人之间才能在对双方而言损失最小的情况下和平分手。

12. 大气为上

能有一个大气的合伙人是很多创业者希望的，但理想的合伙人总是可遇而不可求。在合伙过程中，很多矛盾是无解的，难免会陷入僵局，这个时候，如果一方或双方懂得退让，就会海阔天空。当然，这种大气不能只要求对方，自己这一方也应有对等表示。包容心是初创企业能够坚持走到最后的最好桥梁，合伙企业半路失败，常常是因为合伙人在小事上的分歧而造成合伙经营项目的戛然而止。彼此包容才能把事业做大，其实，大多数情况下，合伙人的心胸宽广一些，在具体分歧上懂得退让，很多困难和分歧也就迎刃而解了。

在创业路上，每个人的遭遇都会不一样，合理规避风险，建立起成熟的合伙关系，才能共同迎来美好的开端。

案例

小米公司创始人雷军先后出任过金山软件CEO、董事长等职位，还创办过卓越网，在把卓越网出售给亚马逊后，于2010年4月开始了小米公司的创业历程，其寻找小米公司合伙人的故事曾经为人津津乐道。

业界一度传说，雷军找到林斌、洪峰、刘德等人，煮了一锅小米粥分吃完后，就开始了小米公司的创业历程。事实上，雷军对合作创业伙伴的选择非常严谨，不只对合伙创业伙伴的能力、性格要知根知底，对他们的了解和信任也是基于在长期的职业生涯中彼此建立的深厚友谊。

小米公司能够发展到今天，与雷军在识人用人上的独到眼光分不开。小米公司核心团队成员各有所长，从技术、创新、管理到营销兼具了成为大企业的完整性。小米公司高管一度吸纳了在手机业界竞争失败的企业高管，曾被人戏称为“失败者联盟”“复仇者联盟”，实际上这也反映了雷军的用人观：“不拘一格降人才”。在17人的高管团队里，从外部挖猎到高薪空降，无不体现了小米公司不唯学历、不看出身，以高管团队的过往经历和业绩作为主要用人择人指标，这一用人观也让小米公司的业务领域不断延展。2021年4月，雷军宣称开始人生最后一次创业，这次是“小米汽车”，非常富有想象的空间，也非常令人期待。

搭建高效的团队

团队协作能力是评估一支创业团队是否做事高效、具备很强执行力的重要指标。在我们接触过的创业团队里，不乏各有所长、优势互补的精英型团队，但也有很多基于爱好和共同的特长而走到一起的创业队伍。需要特别注意的是，加强团队协作是降低团队资源内耗的关键点。事务职责不细分、目标责任不明确、相互推诿的团队，最终只能是离心离德、形同散沙，没有凝聚力且效率低下。

高效的团队应该有明确的共同目标，气氛和谐，配合默契，每个人都努力工作，能够相互理解并能主动承担责任，积极性是团队成员自发的行为，成员间能够相互尊重彼此的想法和个性，每个人身上似乎都有使不完的干劲。

具备创新能力的企业，通常团队的协作性也普遍较高。以人为本，能充分发挥每个人的主观能动性，这样的团队即便个别人在工作中犯了错误，也能够快速得到修正和弥补。企业高效运营的标准是建立在人、财、物三者的管理配合上，通过三个不同的支点实现良好的资源配置，使团队成员具备积极性和创造性，这样的结果自然可以以一当十，几个人即恍如千军万马，这就是我们常说的1+1>2。

我们认为，在搭建高效团队时，团队成员最好各有不同的优势，即团队成员分别是不同领域的专家或能手，这样才能发挥出高效团队的巨大威力。在良好的沟通氛围中，团队成员间虽有个性和能力上的差异，却能够实现优势互补，发挥出团队协作的系统效应。

在市场竞争中，往往消费基础大的市场也是一片竞争的红海。竞争双方的力量常常在强弱之间瞬间转换，第一和第二实力本身相差不大，但竞争的结果可能是天壤之别，决定这个结果的常常是领导者和团队的力量。

一、强化领导作用及团队合作

有句话说得好：榜样的力量是无穷的。创始人是公司的灵魂人物，是攻城略地的将军，其一举一动会给团队和员工带来直接的影响。因此，公司创始人随时要起到领导作用。但要注意，发挥领导作用并不是搞一言堂，还得特别注重团队合作。

1. 核心团队成员间互相取长补短

以专业信息咨询公司为例，如果合伙成员中，有的人熟悉政策法规，能紧跟经济大势，有的人长于文案表达和创意构想，有的人擅长人际沟通，能够快速说服客户，那么这样的组合必然高效。如果核心团队成员的专长、能力、经验均等，差异性不足，遇到问题时出现的结果可能就是大眼瞪小眼，相互扯皮推诿且毫无结果。

2. 团队内部建立起信任关系

领导者要实现在团队内部良好的工作氛围，建立团队内部的信任是实现高绩效团队的重要基础，团队内部如果缺乏相互信任，成员间相互猜疑、诋毁、疏远和隔离，那就无法建立起信任的基础，只有营造出彼此信任的氛围，大家心往一处想，劲往一处使，才能促进整个团队精诚合作。

3. 有效利用内部竞争

要提高团队整体绩效，还要建立合理的团队内部竞争机制，良好的团队氛围并不等于一团和气。实际上，任何团队内部都会存在冲突，这种内部竞合关系和成员个性的不同决定了成员间必然会有不同的意见，团队领导应秉持包容的态度面对内部矛盾，对有建设性的矛盾加以引导而形成成长的力量，对有破坏性的矛盾及时解决，尽快消除内部隐患。只有建立良好的团队氛围，才能实现团队整体绩效的提高。

4. 形成独特的领导风格

就领导者本身的风格来说，没有好坏之分，只要能够在具体管理工作中实现效率和效益最大化，就有利于完成工作任务。每位商业领袖都独具人格魅力，如果我们能了解不同领导风格的优缺点，你也能形成自己独特的领导风格和领导力，进而影响员工工作能力，并影响整个企业的表现。成功的领导者除了具备包容的情怀，同时也要能分清事情的主次，允许团队犯错，但不允许犯同样的错误，安排工作时要具有边界和时间节点，要根据实际情况跟踪结果，对员工随时进行引导、教育和激励，并运用各种方法有机调配，这样才能发挥优秀领导者的作用。

二、进行柔性管理

企业发展要靠关联紧密的专业团队。领导者常常通过团队激励以形成良好的工作氛围，这一点对提高团队工作效率显得尤其重要。要培养企业团队良好的合作意识，不仅仅是提供轻松的工作和生活环境，要达到团队内部高效的协调能力和形成对企业的向心力，建立内部良好的人际关系氛围尤其重要，针对某些特殊工种，如设计师和创意人员，在快乐的心境下更容易出工作成果，当员工感到快乐时，加班也会显得不那么辛苦，容易被员工接受。

三、团队成员有主动性和积极性

在任何一个组织中，无论是领导还是员工，每一位团队成员都得有主动性和积极性。一旦消极怠工，把工作看成是负累，能力再强的个人和组织都很难创造出令人惊叹的成果。

1. 赋予员工自主权

对每一个独立的团队个体，要激发其积极性，可以通过员工激励措施来实现，但每个人工作的态度却不尽相同。在具体工作中，员工需要具有相对的自主权、决策权和行动权，员工自身掌握的技能、知识在具体工作中应该具有决定意义，我们可以对员工强调结果的导向性，并完善监督作用，但针对工作过程，最好赋予员工充分的自主权，让他可以按照自己的方式去实现结果，多样性的工作安排和工作交替性会给予员工充分的自主空间。

2. 建立弹性工作时间

合理的激励机制可以让工作团队成员大幅提升工作的积极性。对于一些特殊工种而言，如设计师、策划师等，这样的职业强调创造性，需要适度降低工作强度，设立弹性工作时间。如果实行严格的坐班制，会影响和束缚此类员工的创造性思维，适当给予他们足够的自由空间，更利于他们创新能力的发挥。

四、对各类人才进行针对性管理

我们知道，从不同维度和行业来看，人才分很多种类。面对不同的人才，管理方式自然不同。比如，科技人才和营销人才，工作内容不同，工作时间也不同，管理的方式必须得有所区别，管理上尽量变得有针对性，才能达到最佳效果。

1. 科技型人才的管理

随着时代不断进步和科技的日新月异，科技型人才在企业中的重要性日益提升，大到公司产品研发，小到网站或App开发，都需要科技型人才。不过，值得注意的是，科技型人才大多沉默少言，注重实干，因此在管理上必须讲究策略，与营销精英等其他类型人才进行区分，进行精细化管理，才能达到最佳效果。

（1）核心能力的传递。掌握技术核心，是企业在市场竞争中制胜的关键因素，给予高激励手段固然可以减少企业技术泄露的风险，并能增强核心员工的向心力，但技术信息过于集中在个别人手中，也必然带来高风险。为避免这种情况，就需要建立一个以技术核心能力的培养和传承为原则的工作平台，这样可以有效避免技术集中化带来的风险。为达到这个目的，可以在组织中使用“文件控制”，即每天以文件的形式记录核心员工的工作流程和任务，并定期进行总结和归档。核心员工因某种原因离开企业时，留下的文件可以作为其他员工查阅使用的材料。

（2）重视核心员工。在企业内部建立合理的平衡机制，这样可以培养核心员工的企业精神认同感和合作意识，避免核心员工因为自身在企业的重要性而产生自满情绪，也可以防止企业为核心员工付出过多的人力成本。这样，就鼓励了现有的核心员工持续努力工作，因为他们不努力就可能被淘汰，也可以有效避免核心员工流失而给企业造成的短期损失。

（3）充分信任。企业的发展要基于信任的基础，对掌握企业核心技术的员工，既要给予充分的信任，同时也应采取相应的制约措施，这样可以避免核心员工流失给企业发展带来影响。但必须注意的是，制约过多，又没有适当的激励机制，也会让员工缺少动力，丧失了积极性，所以，在信任的问题上，各种措施必须平衡到位。

（4）平衡企业与核心员工间的权利与义务。尽量完善企业人才管理机制，从入职培训到岗位职责，都应有明确的制度和规则，这些制度和规则能够从内部机制上规范和平衡企业与核心员工之间的权利与义务。在遵守契约精神的同时，充分尊重和激励员工，使员工保持工作的积极性，这样能够有效避免核心员工的流失，并让企业保持核心竞争力。

2. 营销型人才的管理

营销型人才是公司发展的前端和驱动力，虽然做不到对技术如数家珍，但基本明了于心，他能够将企业现有优势用简明扼要的方式进行描述，并能对企业的未来进行蓝图式的憧憬。另外，营销型人才通常具备超高的情商，懂得与人相处之道，熟知当下热点话题，让人相处感觉愉快，能与合作伙伴在融洽的相处氛围中实现商务成交，创造营销佳绩。

（1）熟稔现代商务礼仪。进退有度，不卑不亢，让人感觉气度不凡。营销型人才既能让人感觉到他对你的尊重，同时又能让人感觉到他在商务合作上的平等、互信、真诚，这样的功夫来源于营销型人才自身平时的积累，还有师友辈的言传身教，给人的感觉是“靠谱，值得信任”，这是营销型人才必须具备的商务礼仪特征。

（2）优秀的表达能力。适度的说服和倾听是营销型人才的共有特征。一般人的共性是都习惯好为人师，炫资历、炫知识、炫背景，以为这样的说法能够获得别人的认同，事实上这样的表达方式反而让人生厌。优秀的营销人才懂得倾听，能从倾听中发现合作伙伴的性格和爱好，他所采取的投其所好是基于尊重的赞扬、肯定和意见表达，适度的赞扬和肯定、中肯的意见表达往往能够赢得合作伙伴的信任和尊敬。

（3）成交的关键性把握。能够打动客户并促成下单成交的关键性表达通常不会超过3分钟，也许就是在电梯间关键的30秒促成了这笔订单，但你能说耗时3天的沟通和接待毫无意义吗？所有的一切都为成交准备着，从客户走下飞机的每一个接待小细节，无关紧要的天气和新闻热点聊天话题，都在链接营销人员与客户之间是否具有共同的认知和偏好。一个有智慧的营销人员不止于关注天气，也关注同业及相关行业价格及行情，甚至关注健康和生活质量。一个有品位的人在事业选择和职业选择上通常差不到哪里去，看一个优秀的营销人员是综合性考察的话题，你的朋友怎么样？你对待家庭和朋友的态度怎么样？客户在看着，但真正的成交关键性话题，通常不会超过3分钟，营销人员的成果，一般是在做朋友互信的基础上实现成交。

（4）以业绩说话。营销型人才优不优秀，通常可以用数据来说话，一个按时打卡上下班的销售人员绝不是营销人才。营销人才基于尊重公司时间考核的规则开展工作，但不会受限于上下班时间，他可以不打卡上下班，但却不一定有周末和假期，工作行动的基础以客户为第一导向，你在休假陪伴家人的时候他可能正与客户钓鱼，所以在营销型人才的管理上时间管理不是第一，业绩才是。你只需要关注他在具体业务上的进程，在他需要协助的时候给予配合，促进关键性成交是我们能帮助营销型人才做到的。企业80%的业绩通常由20%的营销人才完成，剩下的20%的业绩由80%的销售人员完成。大家都很努力，结果却不一样，营销型人才通常具备清晰的思路和表达，并懂得调动资源，在谈判桌上完美的控场能力是他实现成交的关键。有业绩请说话、无业绩请闭嘴，在公司年终总结会的时候，优秀的营销人才往往会脱颖而出、神采飞扬。

3. 打造具备优秀执行力的灰领[①]人才

过去，有些人看不起灰领人才，甚至国内很多企业老板不知道什么是灰领。事实上，灰领并不是蓝领向白领的过渡阶层，他们介于白领和蓝领之间，既有较高的理论素养，又有实践能力，属于比较受人欢迎的复合型人才。

（1）创新企业用人理念。“不看学历看能力”，任用人才以能力作为第一考评标准，而不是唯学历论是企业领导人该有的眼界。在市场竞争中，通过“猎头”挖掘高技能人才已经成为竞争手段之一，企业创新力的竞争，说到底是人才的竞争。要打造一支精英团队，应着眼于培养骨干人才，任用专业人才，发掘有用人才。

案例

米芬的气质、身材和颜值俱佳，是业界小有名气的一名车模。最近几年，随着中国逐渐变成车轮上的国家，各大汽车企业不断推出新车，以符合政策要求和迎合消费者的需求，这给车模这个行业带来了绝佳的发展机会。

随着大资本杀进汽车市场，各路品牌纷纷发力，各种汽车展销和新车发布活动出现爆发式增长。遇到旺季，米芬有时就忙不过来，于是她有了成立专业汽车模特公司的想法。

2016年底，米芬的想法终于变成现实。但个人做车模和运营公司是完全不同的事情。很多具体事情需要由专业的人去对接车企的品牌负责人或第三方运营公司。为了高标准搞好一场新车发布活动，米芬

① 灰领原指负责维修电器、上下水道、机械的技术工人，他们多穿灰色的制服工作，因而得名。如今，灰领成为既能动脑又能动手，具有较高的知识层次、较强的创新能力、较熟练的专业技能的新兴人才的代称。

经常熬夜到凌晨两三点。因此，她觉得做公司太累了。

米芬很清楚，再这样下去，自己肯定要崩溃。她需要聘请专业人士做执行人，但她不敢轻易从外面请人，因为价格实在太高了。作为新公司，运营上她想稳扎稳打。

后来经人提醒，她决定从公司内部选拔管理人才。2017年中，通过培训、考察和试用，米芬公司的几个部门负责人纷纷出炉，这些人的工资比外聘的少一大截，但效率和忠诚度却很高，这让米芬倍感欣慰。

（2）充分发挥灰领人才的聚合效应。灰领人才是企业的中坚分子，创造良好的工作环境以使其能力得到充分发挥至关重要。在当下，灰领人才普遍短缺，企业应充分利用现有的人才，以人性化管理留住人才，使他们有归属感，并以他们的口碑聚集人才，从而使本企业成为人才高地。

（3）建立激励机制，鼓励创新。企业发展创新的源泉是灰领技术人才，要提高他们的创新能力，就要有针对性地制定激励制度，最大限度地发挥灰领人才的自主性和积极性，使他们的创新能力得以发挥。

（4）培养中坚型灰领人才。企业要打造学习型组织，通过不断的培训和考评建立人才晋升机制。企业还要提供基础培训资源，并鼓励企业员工自学成长，同时采取传帮带措施，建立企业内部的商学院或技术研发学院，通过示范性教学和实践性教学让企业内部人才得以快速成长，必要时还可以将员工送到专业机构和院校学习，这也能最大限度地帮助员工成长。实际上，员工除了关心薪酬的多少，更关心能在企业工作历程中学到些什么。让自己更值钱是每一个员工个人成长的目标，同时也是员工努力学习的力量，员工需要这样的成长晋升通道。

（5）重视空降型灰领人才的引进。除了加强企业内部中坚灰领人才的培养和利用，吸引外部创新型灰领人才的加入，对企业而言也很重要。对于那些富有雄心的人才，如果企业提供的创新平台能够让他们的能力得以发挥，他们一定愿意在这样的企业大展拳脚，引进这样的人才也能够提高企业的核心竞争力。

人力资源是企业的核心资源

在经济活动中，由于许多企业无法突破人力资源困境，就会造成企业根基不稳的局面，严重的甚至出现项目流产或企业过早死亡的情况。建立完善的企业人力资源体系，是众多中小企业亟待解决的问题。

笔者曾到访过一个年销售规模在5亿元左右的企业，其利润情况还算不错，但深入了解后发现该公司居然没有人事部，所有的人力资源工作都由行政后勤部门管理完成，该企业也没有明确的人力资源规划，更别说人力资源战略了。这样的企业在竞争中很容易落于下风。而那些具有明确人才管理目标的企业，把人力资源视为核心资源和企业第一资源，充分尊重人才，并有明确的企业发展目标，在竞争中必然成长迅速并立于不败之地。

一、分工合理很关键

“分工可以产生效能”是《国富论》中的经典观点，作为古典经济学之父亚当·斯密的惊世之作，《国富论》提到的核心思想之一就是分工合作，这可以说是人类不断进步、时代不断发展、城市化建设高速推进的根本动力。“分工”在发挥巨大推动作用的同时，也给“协作”带来巨大挑战。正如“分工是协作的前提，协作是更高形式的分工”中所阐述的原则，平衡“分工”与“协作”的关系尤为重要。透过现象看本质，分工合作的关键在于如何提高企业内部沟通效率。

我们认为，专业的人干专业的事是人类社会文明的标志之一，普遍的社会分工，实现了人才的交换，使商品和货币得以流通。分工的优势在于让人做自己擅长的事，使劳动工作时间可以大大缩短，生产效率得以大大提高。在市场竞争中，能够提供高质量、高效率劳动力产品的企业就能够获得高利润和高价值。那么，作为一家创业公司，我们应该如何实现合理的内部分工呢？

二、分工：各安其位是管理的基础

在创业过程中，即便只有老板一个人，也必须组建核心高管团队。通常情况下，核心团队成员都会被安排在不同的岗位，或者说负责不同的板块，如财务、销售、内勤、研发、售后等部门。至于核心高管的分工是否科学合理，就要看创始人的战略眼光了。

1. 企业高层的四个角色

管理是由一系列决策组成的，制度只是管理的一个组成部分，管理主要靠决策。管理专家沈和生先生认为，作为一名高级管理人员，无论是老板还是老板的左膀右臂，都必须敢于决策、善于决策。领者，带路；导者，指引和启发。一个领导者必须具有三个管理功能：指挥、协调与激励。高层的职责还包括规划企业发展蓝图，如企业战略管理规划、团队文化建设、机制建设、品牌建设、产品服务体系建设等。如果把办企业当成开汽车，企业管理层就相当于司机，需要不断地修正汽车的方向，如果出了什么事，还需要踩刹车来控制速度。所以，企业高层必须充分理解自己的角色意义。

综合起来，企业高层要做好“决策者”“领导者”“建设者”和“控制者”四个角色。

案例

管冰是一家茶叶公司的董事长，主要负责公司的战略规划和重要决策，代表公司全体股东履行相关工作职责。公司还有另外3位股东，根据自身擅长的领域，分别负责生产、营销和财务板块。应该说，这种分工是比较合理的。

但是让几个股东不满的是，作为公司董事长，管冰可以说是不务正业，根本没有担负起应有的职责。他要么是连续几天见不着人影，要么就是各个部门溜达一圈，然后回到办公室炒股。

有一次，公司产品被客户投诉，其中一位股东提议所有股东召开会议，研究对策。明明确定好的上午9点开会，但管冰上午10点才姗姗来迟，让其他股东在会议室空坐一个小时。而且在会议期间，管冰悠闲地抽着烟，对于如此重要的会议好像漠不关心。

类似的事情发生过多次。鉴于管冰没有真正做好决策者、领导者等本职工作，在忍无可忍的情况下，其他几位股东最终根据相关法律法规，罢免了管冰的董事长职务。

2. 企业中层要做好四件事

首先，企业中层要发挥企业中坚力量的作用，带领部门成员不折不扣地完成高层下达的目标任务。其次，企业中层须具备组织协调能力，充分起到承上启下作用。同时，还需要定期向上级汇报，但也要有群众基础，能够处理好与各部门领导的关系。再次，作为执行者，企业中层必须指挥、安排和布置具体工作。中间层不只是传声筒，还要负责把东西整理到位。工作安排中一般要注意三件事，即谁来做、做什么、怎么做。最后，企业中层要做好改进工作，这里首先要提高指挥部署人员的能力，其次是要改进做项目的方法和策略，最后是要改进管理方法。

一句话，企业中层要做好管理、协调、执行和改进这四件事。

3. 基层要完成三件事

在企业内部，下级服从上级是一种必需的行为准则，基层员工要一切行动听指挥，认真完成领导交办的任务。完成任务后，在具体的工作汇报中，也要注意，不能只说结果，而是既要有工作的结果，也要有工作的过程，如果执行情况不理想，还要根据领导的意见进行改进。如此循环，才能不断提升工作能力。

换句话说，基层要完成好三件事，即执行、汇报和改进。

三、部门配合极为重要

如今，就算规模很小的现代化企业，也有不同的部门。企业能否运转良好，各部门能否有效配合是关键。俗话说，有人的地方，都是江湖。换句话说，每个部门都各有各的职责，也都有自己的利益。如果不同部门只关心自己的职责，缺少妥善的制度约束，工作中就极易出现部门利益大于公司利益的现象。为了摆脱部门主义，使企业的各个流程顺利运行，企业管理者需要优化企业的运行流程。

高效的运行流程，可以使各部门相互配合，并不是按照甲工作结束、乙工作开始的线性发展，而是每个员工在每个环节都以主人翁的态度做事，以大局为重，互相帮助和支持，以求取得更好的效果。

一个企业下面的部门之间或许有竞争，但更多是合作。整个过程像是一场激烈的足球比赛，一些队员间平时可能有嫌隙和不爽，但在比赛场上，必须相互配合，与队友一起奔跑，尽量把球传到机会更好的队友脚下，如果只考虑自己的利益，每个人都不传球，都想着带球射门，那么，战胜对手将无从谈起。

四、合作：人员搭配需科学

人与人之间要实现密切配合，就要形成互补：能力可以互补，年龄可以互补，知识结构可以互补，性格也可以互补。

对不同能力的人员进行科学搭配时，首先要达到一个目标，就是人与人之间要形成互补。A能做事，B能管人，A和B如果在一起，就是一个很好的搭配。

年轻人往往容易冲动，工作热情来得快退得也快；工龄长的人往往更老练、更谨慎。不同年龄阶段的人员在一起能相互作用、相互影响，可以提高管理效率，减少失误。

另外，企业内部知识结构的互补性有利于构建出一个强有力的沟通平台，在没有外部力量的帮助下也能解决各种发展和竞争的问题。反之，如果企业内部人员知识结构单一，这样会在很大程度上阻碍企业的发展。

在实践中，还需要对不同性格的员工进行互补匹配和优化组合，达到平衡关系，从而有效提高工作效率，促进企业有序发展。

集聚优秀人才

任正非的用人观认为，给员工高薪酬，同时也要给其高压力。员工通过自己的努力取得成就，同时企业也给予他最好的回报。华为的崛起与任正非的这种用人观密不可分。

企业要获得持续稳定的发展，离不开人才的汇聚，现代企业竞争能力的强弱取决于人才的多寡。拥有丰富的人才库就是企业成功的基础，人才集聚的企业在市场竞争中往往能够获得良好的发展前景。俗话说“筑巢引凤”，什么样的“巢”能够引来“金凤凰”？一般来说，有良好的工作环境，企业领导者具有良好的修养和美德，这样的环境所吸纳的人才必然具有更高的素质。

我们在调研中发现，大多数中小企业中，经常是小老板聪明能干、无所不能，但整个团队却表现平平，而大企业家则坚信：“企业是大家的，公司中每个员工都是企业的主人。”大企业家通常善于调动员工的积极性和主动性，善于打造高效率团队，用团队的整体能力来弥补自己个人能力的不足。

只有让企业更有竞争力，企业才能创造更多的社会财富。企业的竞争力来源于人才，只有更多的人才加盟，才能实现“以一当十”“以一当百”，企业规模的大小最终取决于人才规模的聚集程度。如何形成企业自身的人才库？笔者认为，可以采用内部培养、外部引进的方法，并建立持续的培训体系，不断提升企业的人才管理水平。

1. 树立敬人、敬业、敬岗的思想

企业领导无论如何能干，始终只是一个人，没有才华横溢的将相辅佐，没有各个部门的技术和管理骨干支撑，很难让企业发展壮大。同时，作为管理者，还得树立敬人、敬业、敬岗的思想。

2. 树立以人为本、求贤若渴的观念

企业领导者要有宽容之心、爱才之心，不要怕下属犯错，犯错往往是努力成长者的必经历程。人无完人，通常个性突出者常有独到之能，要加以引导其成长，建立完整的用人机制，求才若渴。从根本上来看，人才难得，领导者要兼具识人之能，具有伯乐的眼光，才能从人群中发现不平凡者，树可塑之才。

3. 建立企业内部人才的培训和管理机制

企业的中坚分子是企业发展的核心代表，同时也是一个企业的发展基础。建立持续的人才培训机制，不断给员工充电，并积极发动优秀员工和模范员工分享学习，通过榜样的力量把一群“绵羊”打造成“雄狮”，这也是提升企业竞争力的好办法。

4. 要有包容和忍让的能力

做到“人尽其才，才尽其用”不是一件容易的事，知人善用，把人才用到合适的岗位才能发挥其特长。人才也会有他自身的短板，优点突出的

人同时缺点也会很明显，特别是那些专业能力很强的人才，通常都有自身的缺陷，甚至有的不拘礼节，性格古怪，一旦和管理者产生冲突时，如果管理者不具备包容和忍让的能力，往往很难驾驭这类人才。

5. 设置伯乐奖

在各个企业纷纷用人招人的旺季，你会发现通过各大平台发布招聘信息还是不能及时获取理想的人才，通过设置“伯乐奖”建立内部的人才举荐激励机制，也是快速发现和获取人才的良好举措。

案例

薛丁是一家农业公司的股东之一，主要分管人力资源部门。最近几年，随着互联网技术的高速发展和智能手机的普及，直播带货成为风潮，薛丁所在的公司也取得了长足发展。曾经有段时间，他有一个苦恼，就是公司的专业人才比较紧缺。

如今，很多年轻人只想赚快钱，根本不愿意去干又苦又累的活，而农业生产始终避免不了要到田间地头，按照科学方法进行生产和品控。因此，公司急需既懂现代农业技术，又能掌握市场营销技巧的专业化人才。

为了物色到公司急需的人才，薛丁专门去农业大学挑选毕业生，但别人一听上班地点在偏僻的农村，简历都不愿意投。好不容易招来了几个高才生，没几天也都辞职了。

无奈之下，薛丁想到从内部挖掘人才。为此，在他的提议下专门设置了“伯乐奖”，规定只要是员工推荐人才进入公司，被推荐人成功转正并服务1年以上的，一次性给予推荐人专项奖金2000元。

利用这个办法，薛丁很好地解决了招不到人才的问题，几个重要岗位都招聘到了适合的人。如今，他的公司发展已经步入正轨。

6. 有能力管理人才

如果一个创业者善于管理人才，那么领导工作就会事半功倍。创业者不一定是个通才，但必须是个能力突出的人，还需要具有知人善任的能力，这样才能控制住人才。

7. 具有爱才惜才的魄力

爱才惜才，既是创业者的智慧，也是创业者的品德。创业者既需防止过分宠爱人才而使其恃宠而骄，也不能苛刻地对待人才，要本着客观公正的原则，不要偏听偏信，也不能置之不理，应给予适度的引导和关心，做到爱才惜才，如此才能让企业不断发展壮大。

8. 树立“人才即是财富”的意识

每一位企业员工都是企业的财富，他们的工作都是在为企业的发展添砖加瓦。只有当创业者意识到员工是宝贵的，才能从发展的角度来看待他们，因为通常在这种情况下，我们才会对人才加以甄别。

如何开发“人才”这个宝藏，如何以人格魅力和工作能力服众，这都是创业者需要深入思考的问题。

三招让团队变得有战斗力

在什么情况下，一个人才能对他正在做的事情充满热情？一般来说，有三个基本因素：第一，喜欢做，愿意做。第二，能够做到。即使暂时做不到，他也会积极提高自己的能力，因为他喜欢做，愿意做。第三，有条件达到目标，或通过创造条件能达到目标。

事实上，一个团队要想长时间保持工作热情，也有类似之处。当然，企业作为一种社会组织，还是有很多不同之处的。作为创业团队，为了保持强劲不衰的战斗力，努力做到以下几点尤为重要。

1. 革命靠自觉

团队成员只有对共同目标有相同的认知，并愿意为之奋斗，才能永远充满斗志。就像当年的红军一样，“为了一个共同的目标走到一起来”，并为之奋不顾身，英勇战斗。要做到这一点，就必须记住：把团队的目标和个人的目标统一起来，让团队成员从达成团队的大目标中能够得到个人的实实在在的利益。

2. 提升团队成员的价值感

现在很多人都在谈论平台的作用，团队其实就相当于一个平台。好的平台可以促进团队成员的成长，不好的平台则会阻碍团队成员的成长。如果一个人没有一定的平台可以依靠，想要实现自己的理想几乎是不可能的。这好比一个人是一滴水，落在荷叶表面上就是孤独而弱小的个体，加入暴风雨中，则可能具有折断大树、推倒房屋的巨大力量。所以，要凝聚团队成员，就要让团队工作本身具有足够的吸引力，这样不仅可以让团队成员拥有归属感，还能激发他们巨大的内在潜力。所以，在平台建设上，创业团队要特别关注个体成员的成长环境，建立公平公正的晋升机制，让大家都有机会成长壮大。

3. 建立健全有效的激励制度

人需要动力，就像汽车需要加油一样，否则汽车就不能行驶。无论是正向激励还是负向激励，在团队中都各有用处，能起到鼓励先进、鞭策后进的作用。大家可能看过很多国家在训练军人时“死亡爬行”的场景，在极端的环境下，完成任务的人是在教官的极限激励下，最终实现了在常人看来不可能的事情。虽然我们不提倡责骂和惩罚，但有时压力确实更容易激起一个人的斗志。建立和完善激励机制，采取物质激励与精神激励互为补充的方法，树立正向的企业文化，这些都是建立激励制度的有效办法。

需要注意的是，在实际行动中，团队的激励一定要及时，不能拖延；激励手段要从事实出发，不能好高骛远，同时要坚持做到公平公正，只有这样，团队成员才会认可团队的激励制度，而不是产生负面抵触情绪。

案例

2019年10月，戴科和一位合作伙伴共同出资，创立了一家财务咨询公司。为了尽快打开局面，戴科向所有营销人员许诺，每拉进一笔业务，按照金额大小，分别给予10%、15%和20%的提成，客户付款后7个工作日内兑现。

奖励政策一出，全体销售人员都很卖力地去推销公司业务。有的员工还自发红包，联络客户感情。开业3个月，公司的业绩远超预期。但让所有销售人员傻眼的是，老板承诺的提成根本拿不到。

在戴科看来，这些销售人员只顾业绩，不重服务，而且经常对客户承诺一些超出公司能力的服务内容，晚几个月发提成，也是为了杀一杀不良风气。

站在公司品牌形象的立场来看，戴科的想法似乎也有一定道理，但他似乎忘了，作为已经公开发布的奖励制度，该怎么执行就怎么执行，找不得任何借口。至于员工在销售过程中出现的问题，完全可以通过教育培训等方式进行解决。

因为奖励政策得不到落实，大批员工认为戴科说话不算数，于是纷纷选择离职，其中还包括几位业务能力很强的骨干。受此影响，戴科的公司生意一落千丈，至今仍一蹶不振。

人脉就是财脉

大家可能已经注意到了，身边有的人才华横溢，能说会道，能力超群，但却并不成功。而有的人看起来资历平平，甚至有点憨憨的，却管理着几百上千人的公司，身价不菲。

其实，之所以出现这种反差，是因为有些人恃才傲物，看不起别人，不太好相处。而成功者则大多宽宏大度、虚怀若谷，善于向比自己强的人学习，能团结一切可以团结的人。

华为创始人任正非有句名言："一个人不管如何努力，永远也赶不上时代的步伐，只有组织起数十人、数百人、数千人一同奋斗，你站在这上面，才摸得到时代的脚。"[①]任正非本人并不是顶级技术专家，却善于用独具特色的薪酬制度及别具一格的用人观，吸引了数以千计的科学家，共同将华为打造成为闻名世界的一流高科技企业。

作为创业者，你必须了解，在我国，人脉就是财脉，所谓人熟好办事，就是这个道理。当然，人熟好办事的前提是不能违反国家的法律法规和伦理道德。

---

① 出自任正非《一江春水向东流——为轮值CEO鸣锣开道》一文。

在商场上，你会遇到各种各样的人。其中，有和你志趣相投的，也有你不那么喜欢的。对于前者，你可以拉拢其成为你事业上的伙伴。对于后者，也不必过分排斥，而应该以友善的态度，去发现对方的优点，至少，不要让后者成为你事业上的绊脚石。尽可能多一个朋友、少一个敌人，相信这也是大多数商人的信条。

曾经有个事例，说是一个公司招聘销售总监，如果你的微信好友是3000人，那么你的底薪就是3000元；如果你的微信好友是5000人，那么底薪就是5000元。从这个事例可以看出，在商场上，人脉是多么重要。有时，丰富的人脉和关系网可能比能力和资金更加重要！

案例

孔关军之前在一家企业待了10年，一步步从销售员干到营销总监。随着年龄的增长，身体渐渐不如以往，他于2018年7月选择了辞职。

辞职后的半年时间，孔关军不是钓鱼就是喝茶，但他很快发现，这种生活无异于“养老”，而自己不过50岁，还不想就此荒废余生。

2019年初，孔关军开始了人生中的第一次创业。他投资30万元，在自己居住的小区一楼底铺租了50平方米的铺面，开了一家烟酒店。

对于孔关军的这笔投资，老婆很是担心。毕竟，小区就这么多人，消费能力有限，30万元的投资不知道哪年才能收回。

不过，孔关军并不着急，他有自己的算盘。原来，这些年做营销工作，他手里掌握了大量的人脉资源，其中很多老板接待客户时都会需要烟酒，反正到哪里买都是买，卖给老熟人一个面子，也是举手之劳。

孔关军的烟酒店开张后，表面上进店的客人不多，但他通过之前的人脉关系网，生意做得风生水起，每月的纯利润都有2万元左右。

第五章

30分钟搞懂融资：不是什么钱都能要

你必须懂的主要融资渠道

有了创业的方向，找好了合作伙伴，有了可以挣钱的商业模式，资金问题接下来则有可能成为创业路上的一个难题。在创业初期，购买基本办公设备、租赁办公场所、雇用工作人员等方方面面都需要花钱，所以，你需要的创业资金可能会远远超过手上现有的资金。如果仅仅靠个人积蓄，在大多数创业者看来并不现实，这个时候，创业者就需要了解在当前经济形势下，主要的融资渠道有哪些。

目前，我国的融资渠道主要有政府扶持资金、个人资金、亲友筹措、民间借贷、合伙经营、抵押借款、融资租赁、商业银行贷款、科技开发专项贷款、债券融资等，下面就对这几种主要融资渠道进行具体介绍。

一、政府扶持资金

政府扶持资金作为中小企业的主要融资渠道，正发挥着越来越大的作用，这其中就包括政府对某些重要的新兴产业予以直接补贴的行为。比如，近年来，鼓励大学生创业的“创客空间”在各大高校迅速崛起；2015年以来，鼓励健康养生项目的发展基金在很多区县遍地开花。

另外，在国有商业银行体系内，为中小企业和个体工商户服务的金融机构和专业部门也逐渐发展健全。这类扶持资金的特点是通常会选择技术含量高、产品附加值高、市场发展潜力大的企业，“精”“专”“特”是这类小微企业的特点，经过政策及政府资金扶持的一些企业会快速发展成为行业内的“独角兽”，有的企业还能在资本市场挂牌，获得了更多的融资渠道和资本青睐。

在鼓励“大众创业，万众创新”的大背景下，创新型小微企业也是商业银行选择支持的贷款扶持重点。这类资金的来源通常由地方政府部门牵头，运用互保、联保等多渠道形式，建立贷款担保基金，可部分解决中小企业因缺少固定资产抵押等出现的贷款难问题。

贴息政策也是国家经济扶持政策中的重要表现形式。在国有大银行中，有专门为新开办的中小微企业发展提供的特别贷款管理计划，这种网络贷款的补助费很高，通常情况下，政府通过利率的补贴为2%～2.5%。实际操作中，银行在发放贷款时仍然会按照公司正常利率发放贷款，而在需要利息补贴时，会根据相关政策，由对口部门负责贴息。

优秀的中小企业同样也可以享受政府的信贷担保体系。在我国，扶持中小企业的专项资金主要是国家财政拨给一个专门的管理机构，比如中小企业局，它会设立信用担保基金，委托专业的部门进行经营管理。该担保基金机构会与银行签订协议，对银行给予中小民营企业的贷款提供一定比例的担保。

科技型中小企业技术创新基金是国务院批准设立的政府专项基金，按照政策导向，通过创业基金引导地方政府和金融机构进行投资。这类基金也会针对一些非营利性项目，通过创新基金的运作，可以调整社会经济结构，扩大就业市场，对于国家和中小企业而言，是一件双赢的好事。

二、个人资金

一般而言，个人储蓄是创办一个企业时的首选资金来源，因为从自己口袋里拿钱给自己办事是顺理成章的事。根据2020年审计署公布的统计数据，82%的初创企业是无法贷款的，首贷难的第一因素是抵押物不足。通常，创业者在筹集创业资金时个人至少贡献启动费用的一半，这是比较合理的。

试想，如果创业者都不愿意拿出自己的钱冒险，就很难说服别人投资了。也就是说，如果创业者投入的资金不到创业成本的一半，那他就要从外部借入一大笔贷款，还本付息的压力会影响企业正式运营后的资金周转率。

当然，现在创办公司的流程简化了很多，对资金要求也比之前低，如果不是资金密集型企业，有时以个人储蓄作为全部启动资金也是完全可以的。

三、亲友筹措

基于亲情的信任而借款也是创业者中常见的一种融资模式。这是因为，你的亲友对你的能力应该最清楚，他们愿意帮助你的意愿也往往会超过其他人，这也是很多家族企业发展壮大的原因。在江浙地区，一家小型商品生产企业往往就是一个家族企业，这些企业发展起来后，最终还形成了具有产业影响力的产业聚集群。

但是，在亲友间进行融资时，也需要按规矩来。作为一个创业者，你需要告诉你的亲朋好友，你要借多少钱，你要用这些钱做什么，什么时候还；如果生意失败了，需要多长时间还，怎么还，这些问题最好提前说清楚。当然，如果亲友愿意，也可以吸收他成为股东，但也要提前说清楚你能给什么样的回报，他需要承担什么样的风险，以及撤资和退出的方式。只有事先把这些都约定好了，创业者才能不辜负亲友的信任，拿到亲友支持的创业资金。

案例

对于创业者而言，想要获利，首先自己一定要有足够的资金再开始进行创业，资金显然是一个重要的话题，多数创业者可以采取借钱借物的方式开始自己的创业之旅。

王华在30岁时决定自己创业，刚开始他主要依靠叔叔的玻璃瓶厂做些推广玻璃瓶的生意，赚取一些差价。在妈妈的资助下，他在工业园区开了一家小店，然后拿着叔叔提供的玻璃瓶样品，到一个以生产饮料闻名的小镇开始了他的生意推广。

通过耐心地与生产厂家进行沟通，3个月后，王华终于签下了一笔400万元的订单，这笔订单交货后，他挣了15万元。此后，王华以更努力、更认真的态度对待他的这份事业，短短3年的时间，王华就积累了足够的客户群，把生意越做越大。

此时，由于叔叔的玻璃瓶厂供货出现了困难，需要扩建新厂，王华决定参与新厂的投资项目建设。在这个新厂，王华投入自己前几年赚的利润，成为新厂的大股东，就这样，几年时间里，王华通过自己的努力和亲友的帮助，成为拥有数千万资产的成功人士。

四、民间借贷

除了亲友帮助筹措以外，基于熟人关系而发生的民间借贷也是创业者融资的重要渠道之一。过去，民间借贷时常出现经济纠纷。如今，相关法律法规更加规范，创业者通过这种方式筹集资金时，必须根据相关规则，依法办事。

自2021年1月1日《中华人民共和国民法典》（以下简称《民法典》）正式施行以来，《民法典》将当事人意思自治和诚实信用原则确立为契约自由的基础，在全社会提倡、培育诚实守信的契约精神。

1. 在民间借贷中，需详细写明合同条款

《民法典》规定：借款合同应当采用书面形式，但自然人之间借款另有约定的除外。民间借贷合同应包括贷款种类、币种、用途、利率、期限和还款方式等内容。自然人之间的贷款虽然可以口头约定，但最好以书面形式进行，以免日后发生纠纷。同时，借贷合同内容要尽可能齐全，确保贷款安全。

2. 关于借款利息的新规定

民间借贷纠纷之所以会不断发生，其核心问题常常是债权人为了获取更高的利息。继《民法典》正式实施之后，民间借贷利息出现了新的变化：自然人之间借贷合同对利息的支付没有约定或者约定不明确的，视为不支付利息。自然人之间在借贷合同中约定利息的，贷款利率不得违反国家限制贷款利率的有关规定。也即民间借贷利率可以适当高于银行。超过限额的，超过部分的利息不受保护。

在民间借贷中，常见的做法有很多都不符合司法判决的规定，比如借款方在借款时预先从借款本金中扣除3个月或者更多的月份应付利息，这样，借款企业实际拿到手的本金金额大大缩水，对债务人而言却需要承担超出实际拿到的本金金额的利息，这一民间借贷操作方式显然不符合相关法律法规的规定，司法判决并不会予以支持。

对于债权人而言，正常的还款顺序为，按每月约定时间先支付利息后付本金，常见做法是借款合同本身约定了每月应付的本息还款计划，并严格按照还款计划执行。鉴于民间借贷的特殊性，往往对支付利息的期限没有明确的约定或约定不明确，此类情况在司法判决中通常采用约定还款期限时本息一次性支付，对于提前支付的，利息也应当按照约定借款时间计

算，逾期支付的则按照实际借款时间计算执行。

3. 对于还款期限的规定

逾期不还的，借款人应当承担延迟责任，如加收滞纳金等。经双方同意，也可以用不同种类、品质、数量的等价物进行偿还。如果贷款是免息的，借款人可以提前还款，贷款人亦可以酌情要求借款人在适当时候偿还贷款。

4. 借款合同的效力

在民间借贷中，我们要特别注意借款合同的合法性。如所借款项不按约定用于创业，而是用于赌博、走私、贩毒等其他非法目的，借款合同无效。合同无效的，借款人应当退还因违规合同而取得的财物。

五、合伙经营

在创业阶段，许多企业投资者由于资金不足或自身能力的缺陷，转而采取合伙经营的形式，这样一方面解决了资金的问题，另一方面也可以弥补自身能力的不足。

合伙是指通过协议方式直接投资并参与到企业的经营管理中来。这种融资方式一般适用于非股份制企业，这是民营经济发展中筹集资金的主要方式之一，是两个或两个以上的合伙人共同出资、共同经营，并分享企业的利润。

在创业路上，寻找到适合的合作伙伴不是一件容易的事情。所谓“道不同不相为谋”，首先必须是志趣相投，而相互理解和信任才能为合作创业打下坚实的基础。此外，合伙人之间的性格、能力、资本、资源的结合也可以弥补彼此的不足。

合伙经营具备以下优点：

（1）合伙企业组建起来手续简便，成本低；

（2）可将具有不同优势的人聚集在一起，有利于提升决策质量和企业业绩；

（3）可以扩充资金来源，提高借贷能力，轻装上阵；

（4）合伙人只需为单独的收入缴纳所得税，不必重复缴纳税款；

（5）受到外部干预较少。

合伙企业虽然在融资和管理方面具有无可比拟的优势，但也存在许多弊端。主要的缺点有：

（1）限制了增加投资和扩大经营的积极性。相对于独资企业而言，合伙人不但要对企业外部的债务（欠款）承担社会责任，还要对其他合伙人的经营管理决策过程中形成的对外债务负责。在这一点上，独资公司具有无可比拟的优越性。

（2）权力分散。与独资企业的权力垄断相比，合伙人之间往往因为经营理念、人事管理理念和业务拓展理念等方面的不同而存在分歧，因此在合伙关系中有时会出现“朋友式合伙”和“敌人式分手”的情况。

从笔者的创业历程和管理实践经验来看，合伙企业更加容易出现意见分歧。即使签订了一个较为完善和明确的协议，约定了对外的唯一性和决策权，但在具体的经营中，针对企业某一具体事项，合伙人仍然可能会有不同的理解和解释。因此，在建立伙伴关系时，选择一个宽容、真诚、有能力、懂得尊重对方的伙伴是非常重要的。

合伙企业的共同问题是，通常合伙企业的运营周期短，合伙事业很容易半途而废。普通合伙人的意外离场和撤出，以及新合伙人的参与，很容易终止现有的合伙协议，然后不得不清理全部资产，重新核定债权债务和企业资金的归属，之后才能组建新的经营服务实体。

六、抵押借款

抵押借款是公司发展到一定阶段后，通过提供具有一定价值的抵押品作为企业的还款保证而取得的借款。如果借款人未能按合同规定按时偿还贷款，银行有权处置抵押品，以弥补贷款收不回的损失。所有具有法人资格的工商企业均可以按规定向银行申请抵押贷款。

1. 可以直接用于抵押的财产

（1）不动产。包括土地、厂房和住宅等。

（2）有形资产。包括交通运输工具、商品、货物、机器设备等。

（3）无形资产。包括合同、债权、版权、商标权、专利权等。

（4）有价证券。包括国库券、公债券、金融债券、公司股票、保险单等。

创业者还应注意，有些东西是不能用于抵押的：法律规定禁止买卖、转让的自然环境资源，包括国有土地、森林、矿藏等；所有权有争议的财产和非借款公司所有的财产；被依法查封、扣押或采取诉讼保全控制措施的财产；应依法履行企业登记手续而未登记的财产，以及不能通过强制要求执行、处理的财产； 集体福利设施，如图书馆、医院和学校，以及私人住房和生活必需品。

2. 抵押借款程序

（1）提出申请。申请贷款时，公司应先填写“贷款申请表”，此表为一式三份。申请书的内容主要包括：借款企业公司名称、地址，申请借款金额，借款期限，借款用途，还款时间及方法。同时还需要向银行提供借款公司的法人资格证明、抵押物所有权证明，如营业执照、特种商品生产经营许可证、健康证、抵押物清单、依法取得的相关权属证明、资产评估报告、抵押物财产保险合同、抵押物经营或使用状况报告等。这些都要在银行审查时标注为申请附件。

（2）审查。当银行接到一个公司的借款申请及上述材料后，会对该公司进行分析审查，审查的内容主要包括：信誉状况；生产经营状况；现有资产情况；市场销售和财务状况；近年的年产值利润、税金、自有资产、负债情况；领导者素质和能力；员工构成；技术水平等。

贷款项目的审查内容包括：贷款用途、金额、还款来源、还款期限。

对抵押品的审查包括抵押品的性质以及是否存在违反国家有关法律法规的情形，手续是否齐备等。

（3）确定贷款额度。银行根据抵押物的市场对应价格确定贷款总金额。通常来说，公司从银行获得的贷款金额不高于抵押物的总价值。

（4）签订借款合同。银行对公司的借款申请进行审查同意并对抵押物核实估价后，就可与借款公司签订借款合同。合约条款包括：借款公司名称、地址、账号；借款用途、金额、期限、利率、支付方式、偿还方式；抵押品的名称、估价、保管地点、保管方式、有效使用期、产权证书；抵押率；违约处理方法及争议解决方法；抵押财产进行投保的险种、责任能力范围及赔偿方式；其他约定事项。

抵押贷款合同必须经公证机关公证，方具有法律约束力。

取得抵押贷款后，公司必须妥善保管抵押物，未经银行同意，不得出售、转让、出租或再抵押抵押物。到期归还企业借款后，银行将归还其抵押物。

案例

北京易动纷享科技有限责任公司创立于2011年12月，总部位于北京市海淀区中关村。经过10年发展，公司已成长为中国SaaS（软件服务）行业的先锋。2020年8月4日，《2020胡润全球独角兽榜》发布：

隶属于北京易动纷享科技有限责任公司的纷享销客排名第351位。

公司创始人罗旭，系笔者大学同学。罗旭曾供职于《新京报》，从事管理工作，2010年，深感于纸媒传播模式受互联网蓬勃发展的影响，经再三思考，认为互联网产业大潮在未来有着无限可能，转而离职投身IT界创业。罗旭领衔的创业项目组经过反复论证，最终选定以满足企业组织与业务的敏捷化需求作为项目方向，通过SaaS+PaaS的平台化战略，为企业业务个性化需求提供良好的自由配置服务，为中国的中小SaaS开发厂商提供生态级支持平台。

罗旭领导的创业团队最开始使用的是自筹的150余万元资金，但短短几个月资金就告急了，于是他又将自己在北京的住房抵押贷款，继续推进项目，不过很快他又捉襟见肘了。这时，罗旭团队不得不拿着项目可行性报告四处寻求风投资本的青睐，为获得第一笔风投资金而倾尽全力。几个月的奔走让他筋疲力尽，但他的努力最终还是获得了资本的认可，先后获得IDG、北极光、DCM、高瓴资本、中信产业基金和金蝶国际等多家机构投资。

现在的纷享销客荣誉等身，已然跻身中国手机互联网领军品牌20强（企业应用类），荣获中国移动CRM最具影响力品牌。

回忆融资历程，罗旭说："一切并非一帆风顺，在资本市场筹资期间，一周得工作7天，项目团队成员牺牲掉了很多业余爱好。但结果让我们感到付出有所值。我们生活在一个迅速发展的时代，我们需要向世界一流的企业看齐。为了发展，我们必须与金融市场的核心机构保持密切的联系。现在，我们可以与货币市场的投资者友好地沟通，达成我们需要的筹资目的。"

七、融资租赁

在企业经营发展过程中，融资租赁也是一种比较常见的融资方式。只要企业有良好的经营管理业绩和信用信息记录，当企业需要具体的厂房、设备等实物时，不用自己花费大笔资金购买，用融资租赁的方式取得这些实物的使用权也是一种不错的选择。融资租赁的形式主要有厂房租赁和设备租赁。

1. 厂房租赁

当自建工厂面临购地建设而自身资金不足时，融资租赁是处于发展期的企业可以选择的一种有效发展模式。创业者只需要租用厂房就可以解决一系列问题，不必花费时间和更多的资金去建设。固定资产的实际使用权可以通过租赁，采取定期支付租金获得。出租人是厂房业主，承租人一般为第三方企业。

2. 设备租赁

在产业集中区往往出现这样一种情况，有很多中小企业将闲置的生产线通过专门的租赁渠道转租给有需要的企业，然后按年度或月度收取一定的费用。这是一种便捷的融资方式，可以解决许多初创企业的设备需求问题。

一般来说，中小企业融资租赁有两个主要特征。

1. 设备所有权和使用权分离

在融资租赁业务中，虽然设备由租赁方（承租人）指定，出租人出资购买并拥有其所有权，但在约定的租赁期内，设备的所有权仍然属于出租人所有，承租人通过租赁方式取得设备的使用权，并承担维修和保养该租赁设备的义务，以保持设备的良好状态。租赁期满后，承租人可以享有保留购买权、续租、退租或重新租赁等多种选择权。

2. 租赁期分期付款

在支付租金的方式上，融资租赁与其他融资方式一样，一般采取分期付款的方式。支付租金的次数和每次所支付的金额均可由双方进行具体协商。租期结束时，累计支付的租金金额一般接近购买设备的现金价格。这种租金分期支付的方式，对承租企业来说有如下好处：

（1）保证企业拥有适度的流动资金，加快资金周转效率，以较少的投资在短期内获得较大的经济效益。因为公司只需要支付一定的租金就可以提前获得设备的全部使用价值，有利于提高公司的效率。在整个租赁期内，该公司不但不会受通胀影响，而且相对受益。

（2）资金流与物资流结合在一起。融资租赁是以商品经济形态和资金形态相结合提供的信用保证，它在向公司出租设备的同时，也解决了公司的资金需求，具有社会信用、贸易双重性质。

（3）租赁合同期限较长且比较稳定。一般来说，融资租赁合同的期限与设备的有效寿命大体相符。一般通用设备的使用寿命为3～5年，大型机械设备可达10年以上，合同一旦由公司签订即不可解约。在租期内，承租企业必须连续支付租金，非经双方同意，中途不得无故终止租赁。这种约定既能够保证承租企业得到长期使用固定资产的权限，又能保证租赁公司在基本租期内能够收回投资，并获得一定的利润。

（4）合同期满后承租人有处理选择权。一般来说，租赁服务合同期满后，承租人可根据租赁合同条款进行设备处理。一般有三种处理方法：一是退租，设备由租赁公司收回；二是继续租赁，延长期限以解决需求企业融资难的问题；三是留购，将设备转让给承租企业。

目前，我国承租企业大多采用第三种方式，即承租人以约定价格购买设备，获得所有权。

融资租赁的优势在于为中小企业提供了新的设备资金来源。中小企业普遍没有大企业那样强大的资金实力，而且由于种种原因，通过资本市场和银行等外部来源筹集大量资金也很困难，在资金短缺和急需设备的情况下，租赁融资无须大量资金即可获得设备使用权。

租赁公司筹资速度快，限制条款少，更适合中小民营企业进行及时的融资，这与银行信贷的一个重要区别就在于它能够将融资和融物有机地结合起来，把融通资金和技术引进两个不同环节同时办理，减少了金融与贸易的脱节，缩短了设备的购进、安装时间，使企业能够尽快具备安全生产经营能力。

对于集中化的产业集群，由于生产资源集中在一个产业园区内，厂房、设备及配套生产资源具有通用性，通常采用OEM[①]的方式解决部分企业产能不足和订单急剧增大的生产问题，这实际上是最常见的融资租赁方式，在很大程度上缓解了企业生产资源及设备的不足问题，既能降低购置设备和扩建厂房所需要的巨额资金，降低风险，又能更好更快地满足市场需求。

八、商业银行贷款

商业银行贷款与前面提到的抵押借款有所不同，这种方式主要用于补充企业的流动资金，一般为短期贷款，贷款期通常为9个月，最多不超过1年，但也有少量中长期贷款。可以选择无抵押和有抵押等多种贷款方式。

商业银行是初创企业获得发展资金的一个主要渠道，特别是具有区域性特征的地方商业银行，在贷款方式上更灵活，放款速度更快。从初创企业对贷款资金的使用情况划分，商业银行贷款通常有固定资产贷款、项目专项贷款和流动资金贷款三类。固定资产贷款主要用于企业的技术改造和

---

① OEM是英文original equipment manufacture的缩写，也称为定点生产，俗称代工生产。

规模升级，增加企业固定资产并扩大生产规模；项目专项贷款通常有特定用途，比如生产环境排污评估改造、煤改气、煤改电等类型的技术改造专项资金贷款等，其特点是利率比较优惠；在流动资金贷款上，期限一般为1～3年，主要用于解决企业短期发展资金不足的问题。

1. 借款人申请贷款应当符合的条件

独立的法人组织机构、集体、个体工商户，具备完全民事行为能力的自然人；借款人有能力按期还本付息的，已经偿还原定的贷款利息，以及对于到期的未偿还的贷款，借款人已经制订了贷款人批准的约定还款计划。

2. 贷款程序

就商业银行贷款要求而言，办理贷款须严格遵循申请、审批、签约、贷款发放、贷款管理五个环节。

（1）申请：贷款人申请贷款时，应根据企业实际情况按要求填写《贷款申请书》，须写明借款金额、借款用途，并对企业还款能力进行描述，须制订按期还款计划等，并提供必要的证明材料。

（2）审批：银行在接受借款人的申请后，会全面评估借款人的信贷评级、借款人自有资金的使用情况、贷款的合法性、贷款的安全性和贷款的营利性等，以核实贷款人的状况，确定贷款的风险程度，最后决定是否批出贷款。

（3）签约（签订贷款合同）：贷款合同中需要明确约定的事项有金额、用途、利率、期限，双方的权利和义务，违约责任及其他相关事项。如果有担保和抵押的，需要补充签订担保或抵押合同，并依据相关规定办理登记手续。

（4）贷款发放：在贷款合同签订以后，银行按规定执行按期发放贷款。正常提取和使用贷款时，借款人有权拒绝贷款合同以外的银行经办人口头提出的附加条件。

（5）贷款管理：贷款发放后，银行有权对贷款合同的执行情况和借款人的即时性经营情况进行定期跟踪调查。如果判定不能安全收回贷款的，银行有权停止发放新贷款，并处以罚息。借款人有责任按照借款合同规定的时间足额归还贷款本息。

九、科技开发专项贷款

在新的经济形势下，科技创新成为社会发展的新型驱动力，为助力中小科技类创新企业发展，国内商业银行开始为中小型科技创新企业发展提供专项贷款。这是科技类创业者可以考虑并能争取到的一种普遍商业银行融资方式。

1. 专项贷款的对象

一般来说，国内商业银行的科技开发专项贷款都是针对科研院所、大专院校、科研与生产联合机构，私人个体很难获得专项贷款。民营创新企业在所需资金不足的情况下，也可以申请科技开发专项贷款。

2. 专项贷款的贷款条件

基于科技创新所用的专项贷款期限一般为1～3年，对于特殊的高科技项目专项贷款期限可适当加以延长，但最长不得超过5年。贷款利率按中国人民银行公布的期限利率正常实施。

十、债券融资

债券是由债务人根据企业发展需要发行的债务凭证，会定期向债券持有人支付利息，到期时返还本金。债券可以在证券市场上进行定期流通或转让。一般来说，银行出于稳健和审慎原则，一般很少为企业提供长期贷款，银行融资的主要方向多集中在中短期资金项目。以往，企业以发行债券的方式，筹集长期发展所需资金，通常比通过银行进行长期融资显得更加容易，而且贷款时间更长。

债券融资对于企业而言具有明显的优势，企业通过金融渠道发行债券筹集的资金可以自由使用且不受债权人的限制，而银行信贷融资通常具有许多限制性条款和条件，如银行会限制资金的使用范围，限制借用其他债券等，正常借款需要审核企业经营状况、企业资产负债率等。

总的来说，通过发行债券所筹集到的资金期限相对较长，资金可以自由使用，且债券市场投资者无权干涉创业企业的经营发展和决策。重要的是，发行债券不会引起股东股权变化，股东对企业的所有权不会变。从这个角度来说，发行债券融资在一定程度上弥补了发行股票融资和向银行进行长期借款的不足之处。

案例

默多克是美国著名的媒体大亨，他在2019年身价已达186亿美元，在全球富豪榜中排名第63位，在世界各地拥有超过100个新闻业务机构，他的新闻公司是世界上最大的跨国媒体集团，他的投资涉及出版、广告、电视、新媒体等领域。默多克财富积累的历程很早，在20世纪70年代，默多克就在澳大利亚拥有了两家电视台和一家航空公司，但在他身上也曾发生过债务危机的故事。

默多克在继承父业时，年收入已高达400万美元，通过自己的努力，默多克在1988年就已控制了澳大利亚70%的新闻事业，45%的英国报业，还掌握了美国的一部分电视网络。西方商业大亨习惯于从资本市场筹集资金，像滚雪球一样发展他们的商业王国，他们的事业越大，负债就越多。默多克报业集团曾负债24亿美元，债权人遍布全世界，但各个国家的银行依然乐于贷款给他。据统计，他有146家债主，在这种情况下，任何一个工作失误都会像多米诺骨牌一样可能造成无法预测的灾难。

1990年，西方经济开始衰退的时候，默多克就差一点因为一笔1000万美元的贷款而翻船。在美国匹兹堡的一家小银行手中，有一笔借给默多克报业集团的短期贷款，默多克报业集团将它用于了支付银行利息和延长贷款期限。该银行不知从什么地方听说默多克报业集团的支付能力不好，于是就通知默多克报业集团贷款到期了，必须收回。默多克也不在意，1000万美元的筹资对他来说轻而易举，孰料这时他在澳大利亚金融产品市场上的融资授信特权也出了一点问题，他派出的代表被告知，默多克的融资授信特权已经开始被冻结了，无法继续进行融资。默多克别无选择，只能带着自己的财务顾问直接去美国筹集资金，但美国的银行家们这时却一分钱也不给。默多克很是气恼、焦虑，在美洲大陆转来转去还是没有借到1000万美元。眼看贷款还款期快到了，到期如果还不了钱，那其余145家银行就会像狼一样追着他要求还贷款。而即使是盈利能力最好的企业，也肯定无法承受债权人联手讨债。如果发生这种情况，默多克就将被24亿美元的债务压垮。

花旗银行由于是默多克报业集团的最大债权人，所以默多克报业集团的兴衰对他们的影响也将是最大的。在利益的趋同下，默多克于是决定带领团队去寻求花旗银行的帮助。花旗银行债权管理方权衡利弊之下，同意对默多克报业集团进行相关财务数据调查，对资产流动负债经营状况及默多克报业集团做出一个全面的风险评估，最后得出了支持默多克的结论。最后，由花旗银行出面，对匹兹堡的银行施加了影响和压力，并获得了续贷的支持。这样，默多克才有足够的时间来调整和提高报业集团的还贷能力，最终摆脱了财务困境。

这个案例说明，无论是亿万富翁还是普通百姓，都可能会有遭遇债务危机的时候，但其原因和解决方法可能是完全不同的。

在创业初期和企业扩张的道路上，借贷是企业不可避免的一件事情，但要合理控制债务结构。如果没有足够的应对支付风险的准备，企业很容易会因为债务问题而倒闭。

新兴的融资模式

在现代商业社会，随着科技的发展和人们观念的进步，新的金融手段和金融工具层出不穷，一切有形或者无形的资产，一切完工的或者在建的项目，都可能成为融资的标的物，创业者需要了解、认识这些新兴的融资模式，才可能既不错过好的机会，也不会轻易掉进陷阱。

一、知识产权融资

知识产权融资是指企业以合法拥有的专利权、商标权、著作权中的产权作为抵押物，通过评估获得银行贷款的融资方式，旨在帮助中小企业解决因缺乏固定资产担保而导致的资金紧张问题。

对于大多数初创企业来说，他们缺乏的不是技术和人才，而是资金。如何让有前景的创业企业能够获得发展所需的资金，是科技产业化中的关键问题之一。

知识产权融资是一种新型的融资方式，为初创企业提供了新的融资思路，解决了企业发展中的短期资金“瓶颈”，这一新兴融资方式也逐渐成为现代商业银行新的业务版块。

对于许多中小型科技企业来说，虽然它们拥有高科技技术，但缺乏传统的担保手段。当产品进入开发期，它们普遍缺乏系统的开发资金，特别是不能获得商业银行的中长期资金支持。因此，中小型科技企业以知识产权担保代替传统担保实现融资显得非常重要。

知识产权通常包括专利权、实用新型权、商标权和著作权等。知识产权融资属于债权融资。知识产权是否具有担保性，可以从以下三个方面加以分析确定。

1. 权利的确定性

权利拥有者是否为自己？这个权利是否进行了注册登记？该项权利的申请拥有者在注册使用中是否涉及第三方异议？

2. 该项知识产权对企业主营产品的市场竞争力是否有贡献

创新技术或产品是否符合新颖性和市场目标消费群定位？拥有该项技术或产品专利的产品是否具有持续的市场竞争优势，能否在中长期保持先进性并占有一定的市场份额？

3. 知识产权产品的市场性（收益性）

对知识产权产品收益性进行研究分析，主要包括宏观经济市场环境分析和微观市场需求分析。

分析知识产权是否具有担保性后，如果确认知识产权可以得到担保，则可以根据知识产权转让给第三方可能产生的预期现金流量进行进一步的融资评估。

二、保险公司的贷款业务

从性质上来看，保险公司是当代世界各国最重要的非银行金融服务机构。从保险业务开展的本身来看，它不属于金融活动范畴，但由于其保费收入从金额上超过了保费支出，保险公司可以借此获得稳定的货币资金用于投资和信贷。从保费收益来看，保险公司具有重要的金融投资属性，所以它也是金融企业。

保险公司贷款分为一般审核通过的贷款和保单贷款。

为保证保险公司的基本偿付能力和保险资金最终的安全回流，保险公司作为金融服务机构在进行一般贷款时一般都有担保品。按担保形式可分为：房地产抵押贷款、证券抵押贷款、相关信用担保（如财团担保、银行担保等）贷款。贷款对象可以是国家、国际机构、地方政府、社会团体、企业、消费者等。在针对企业的一般贷款中，抵押贷款是保险公司主要开展的业务种类。

保单贷款也称为保单质押贷款。对于投保人来说，申请保单贷款有两个目的：一是缴纳保险费和维护合同；二是向保险公司借入资金作其他用途。保单贷款是一种安全性较高的投资方式。对于保单贷款，其贷款额在保单现金价值以内，保单到期时，可以扣除贷款和利息直接给付保险金，因而，对保险公司没有什么风险。

三、供应商融资

在国外，公司购买供应商的产品时，经常可以在1年多的时间内分期付款，这就等于从供应商那里筹集了资金，所以，又可以称其为供应商融资。

直接从供应商处进行融资的主要特点：

（1）分期付款期限一般在1年以上，通常为3～5年或稍长。

（2）分期付款收取的供应产品相对价格较高，不仅包括了正常销售利润所得，还可能包括各种相关成本与资金使用时间的价值补偿。

（3）通常先付给供应商一笔定金（首批款），再按买价余额签发一张期票，作为一个买方企业分期付清货款的允诺。

（4）供应商保留了所售产品的所有权，但产品的使用权却归属企业。当融资公司不能按照合同履行付款义务时，供应商有权收回已售产品的价款，如销售额、未付款项等。

（5）买卖交易双方通过签订合同确认以分期付款方式进行销售（分期付款购）。合同应包括实际货款偿还时间表。通过分期付款购买的商品在财务领域不作为费用进行处理，不具有减免税费的效果。这与一般的融资租赁不同，融资租赁各期的租金可以计入成本，具有节税功能。

以分期付款方式购买的设备，企业应该计算资产折旧额，各期的折旧额也具有节税作用。但是，折旧的金额并不等于总租金成本，折旧的期限也不等于支付租金的期限。因此，两种融资方式对税收的影响是各不相同的。

鉴于各种融资方式的特点不同，尤其是对税收的影响不同，西方许多国家的税务机关都明确规定了租赁和分期付款购买的条件，不允许将分期付款购买作为租赁处理。

四、利用应收账款进行融资

利用公司应收账款进行融资是指企业可以把应收账款作为抵押取得银行贷款。这种融资方式在商业信贷盛行的西方国家非常普遍。以下一些具体融资情况可供参考。

1. 融资条件

（1）企业遭遇了罕见的冲击，比如大客户破产。

（2）需要预先购置存货。

（3）企业正处于生产经营活动的发展和上升阶段，产品价格和市场销售情况很理想，但缺乏必要的资金。

（4）应收账款在近期可以收回。

（5）使用应收账款融资的费用可以由产品的预售收入抵销。

2. 融资时机选择

（1）企业有一笔或多笔可信赖的应收账款出售。

（2）短期内的贷款市场利率过高，而储蓄银行存款利率水平相对较低。

（3）企业财务状况良好，但由于其他原因难以获得贷款。

（4）企业经营缺乏资金。

（5）企业希望与拖欠应收账款的客户保持良好的关系。

3. 融资特点

（1）可以迅速地筹措到短期使用资金，以弥补公司资金的临时性短缺。

（2）融资成本低，通常可以通过加速现金流来补偿。

4. 融资影响

（1）能够改善企业的负债和资产比率，不会对企业的现有财务状况带来不利影响。

（2）往往会减少企业的应得收入水平，特别是初创企业的信贷信誉相对较低，银行等放款单位可能基于此原因索取较高的利率回报。

（3）商业银行等放款单位通常会对企业提出一些额外的要求，比如：企业应对客户拖欠的应收账款负责；当应收账款无法按期收回时，企业应承担相应的关联损失等。

五、商业信用融资

商业信用融资对于一个企业来说也是一种重要的融资手段，主要是企业之间的一种信贷行为。在融资渠道中，商业信用融资对中小企业来说具有重要意义。这里介绍一种主要的商业信用融资方式：商品购买者预收贷款。

对于单件价值高，或者批量大的商品进行销售时，可以向商品购买者预收一定数量的购货款，这也是一个企业筹集社会资金的一条重要渠道。这种预收款的方式可以通过金融机构或者相关具有公信力的第三方平台发起，如京东众筹、小米众筹、微粒贷等。随着互联网经济的兴起，这种预收款的表现方式多样化且比较普遍。

预收款在我国有其客观依据。对于一些具备高颜值、高品质的供不应求的商品，如果生产企业或者具备公信力的第三方平台能够保证在一定时间内向消费者提供保质保量的商品，并给予相当于商品总价利息的优惠价格，那么社会主要目标消费者就会乐于拿出钱来预定作为购买商品的预付款，预先垫付给企业，让社会的闲置资金通过众筹进入企业，然后快速投入生产。对于想扩大再生产但流动资金不足的企业，预收款项既解决了资金紧张的矛盾，这种订单式生产的零库存方式也有利于企业的生产发展。

六、库存融资

库存融资是西方国家的企业常用的融资方式，其筹资额非常可观。如果企业的财务及信贷信誉很好，那么只需要有一定量的存货，就可以通过存货获得借款。这种借款形式又可以分为“所有权保留型存货抵押”和“不保留所有权的存货抵押”两种。这里，我们主要介绍不保留所有权的存货抵押。

不保留所有权的存货抵押通常有两种不同的形式。

1. 终点仓单借款

终点仓单借款又被称为分开式仓单借款。仓单是指仓库为借款企业开具的证明材料，证实其拥有该批存货的正式书面证明，借款企业可以凭借此证明获得公司存货担保机构提供的借款。

2. 产地仓单借款

在认定的终点仓单借款中，货物储存于公开的或者第三方仓库，而产地仓单借款方式则由借款企业根据就近原则选择存货在借款期间的存放场所，并以此为基础获得商业银行贷款。

如何吸引风险投资

吸引风险投资是众多中小企业快速发展的捷径。这时，提供一份好的商业活动计划书就显得非常关键，如果你想更好地达到融资目标，用一份完善的商业计划书与风险投资人进行沟通是最好的手段。

商业计划书的主要作用是向投资者（主要是指风险投资机构或个人）介绍风险企业的产业环境、市场情况及预测、主要风险因素、管理人员队伍、财务信息等方面，使投资者对风险企业家的创业意图和风险企业未来发展前景有一个全面、客观、真实、详细的了解，并使其意识到风险和回报的详细情况，风险企业家要努力让投资者对其创业活动产生浓厚兴趣。所以，衡量企业所拟定的商业计划书是否有效的重要标准，就是看企业所提供的商业计划书是否能引起风险投资家的兴趣。由此可以看出，在撰写商业计划书之前，对风险投资和风险投资家的相关知识和背景进行了解是十分必要的。

一、风投机构对什么感兴趣

众所周知，大部分企业在初创阶段都缺少资金，如果能得到风投机构的关注或青睐，无疑是一桩好事。加上风投机构见多识广，熟悉很多商业模式，要是能够帮助公司进行流程再造，那么，小公司的发展速度将是惊人的。

无须讳言，风投机构不是慈善机构，其目的是追逐利润，而且是丰厚的利润。但风投机构也清楚，任何投资都有风险，因此，风投机构更关注低风险基础上的合理投资回报、管理上的可控性、投票权和决策权。

1. 追求低风险基础上的合理投资回报

风投机构的首要目标是投资企业能够有回报，虽不追求高风险高回报，但对于财务风险会有一个分析评估，并要求有一个与风险相对应的合理回报。

2. 风投机构希望管理上具有可控性

风投机构经常参加投资企业的董事会，担任董事会主席，组织和领导董事会的工作，为企业的决策提供咨询，并监测公司的进展情况。当企业偏离既定计划时，风投机构可以通过事先选定的投资协议获得更多的董事会席位，并干预风险企业的管理。

3. 投票权和决策权是风投机构关注的重点

风险投资中使用的可转换优先股往往伴随着投票权。在企业表决权上，可采取转换优先股与普通股具有相同表决权的形式来控制企业。风投机构还会在企业投资管理协议中规定，一旦公司发展出现一些重大事项，风投机构有超级投票权，风投机构拥有股份所代表的投票权，可以是其他普通股投票权的两倍。通过控制企业投票权和决策权，风投机构可以更加有效地监控目标风险企业，并在必要时采取更换管理层的形式来实现对企业的经营管理监控。

二、商业计划书是吸引风投的敲门砖

风投机构每年都会收到大量的商业计划书，并对其进行比较广泛、深入的调查和筛选，其结果是大约只有1%的意向风险企业或项目能被风投机构所相中。所以融资企业要想吸引风投，一定要重视商业计划书的撰写，因此了解一下风投机构对融资企业的评估标准是十分必要的。

1. 风投的一般评估标准

风投机构一般会从企业经营管理者、产品属性、市场前景、融资额与回报率等几个角度，对企业进行综合评测。

（1）企业经营管理者。这里指的是企业家和管理团队成员。在风险投资中，常常会看到好的甚至是惊人的产品创意，但很多最终都失败了；相反，有些毫无亮点的产品在市场中却获得了销售上的成功。许多风投资本将这种巨大的差异归因于管理者的领导特点和运营能力的不同，并认为管理者是使公司获得成功的最重要和具有决定性的因素。

（2）产品属性。受风投机构青睐的产品通常具有以下几个特点：一是具备差异化特征，能够引领市场潮流和风向，且可迅速获得不俗的市场占有率；二是能够快速量产并为消费者所接受；三是具有较强的生命力，其市场领导地位和竞争优势明显，不易被竞品模仿和超越。

（3）市场前景。具有明显市场优势的产品能够快速地占有市场并能实现较高的市场占有率，高占有率是产品获得市场影响力的明显特征。在商品竞争激烈的今天，要实现高回报率，市场需求总量必须足够大，产品锁定的目标消费群主体明显，产品本身是市场刚需产品或能够解决市场中消费者的痛点。创新型产品能够创造新的市场蓝海，具备引领性的市场主导地位，不容易被模仿或复制，产品能够显著地降低成本，获得相对较高的市场收益率。

（4）融资额与回报率。对于企业而言，融资的目标是为了获得发展所需的资金和资源，而对于风投机构来说，获得合理甚至超出预期的回报无疑是其终极目标。因此，站在不同的角度，彼此需要考量的因素自然也不同。比如，对于创业者而言，企业预计融资多少金额，分几轮进行，打算释放多少股份等问题，必须提前考虑清楚。而对于风投机构来说，拟投资多少金额，预计多长时间收回投资，打算以何种方式变现等核心细节，都会反复推演，以确保实现双赢。

2. 风投感兴趣的特殊评估标准

以上是风投机构考虑投资项目时的一般评估标准。此外，由于每家风投机构的投资风格不同，他们还可能有以下特殊评估标准：

（1）融资企业所处的行业。风投机构一般要求融资企业专攻两三个特定行业，专业化运营有利于降低技术和市场风险。

（2）融资企业所处的阶段。风投机构由于专注的行业不同也存在投资偏好，有的风投机构只在特定企业发展阶段进行投资。他们擅长而且能够专业化地经营于特定阶段的投资事项，因为他们在长期的投资活动中已经积累了丰富的工作经验。

（3）投资额。由风投机构所投入风险资金的基金额度是有限的，其基金额总量可以决定其项目选择，对于较大的风投机构而言，投资成本金额和回报总额小的项目一般不予关注。

（4）融资企业所在地。风投机构更倾向于在自己熟悉的地区投资企业。

（5）调查筛选投资项目。风投机构一般通过与管理人员沟通、询问相关人员、走访风险企业等方式调查获取相关信息，并根据各类信息对投资项目的技术、市场、财务等方面进行分析。

（6）与管理人员交流了解情况。所有风投机构都会与融资企业的管理人员见面交谈，通过会谈判断企业生产经营发展能力。

（7）参观融资企业。风投机构通过到访融资企业的生产现场，与员工交谈，检查公司的运营、设备设施、生产流程和产品，以核查融资企业提交的材料的真实性和准确性。

（8）技术、市场和竞争分析。风投机构的投资专员都是各自领域的专家，涉及投资、市场、金融等各个领域。风投机构的投资专员可以凭借自己掌握的相关知识与经验，结合融资企业提供的信息分析投资该企业在技术上的可行性。

（9）检查融资企业过去的记录。审查目标企业过去的记录，如财务记录，以了解其资产、负债和法律事务的详细情况，包括是否存在未决裁判和法律纠纷等。

以上介绍的是风投机构在挑选相关风投项目时的一些常见考察方式。实际上，不同国家和地区的不同风投机构，会根据机构自身特点和投资项目的具体情况而采用灵活的考察方式。

三、引入风险投资的五大注意事项

风险投资的过程并不完全由风投机构主导。企业和企业家也有权利选择对自己有利的风投机构。风投机构会从不同的投资协议方案中选择一个对他们有利的公平合理的方案，以保护他们自己的利益，而初创企业在选择风投机构时应该考虑以下五大要素。

1. 尽量选择适合企业发展的风投机构

在选择风投机构时可能会遇到这些问题：风投机构的资金来源是否可靠，是否能够确保以后可以追加投资；风投机构在同行业中的企业声誉和社会关系网络如何；风投机构的组织形式为独立的有限合伙制还是其他，是否隶属于金融机构，或与产业集团有关联；等等。这些问题都必须搞清楚。不同背景的风投机构拥有不同的资源和经验，企业或创业者应该寻找最能帮助他们的投资者，不仅要知道自己能得到多少资金，还要知道风投机构是否能提供其他方面的帮助。

2. 了解风投机构过往业绩

企业或创业者还应该对风投机构进行调查，特别是了解风投机构在以往投资案例上的表现，包括投资回报率和对风险企业的支持能力，风投机构管理者的个人专长和工作作风，以及与所投风险企业的创业者的合作是否融洽等。

3. 股份比例设置要合理

风投机构向一家企业注入资金，融资企业的股份自然会有所变动，对于风投机构和融资企业的管理团队各占多少股份，其实是一个互相博弈、沟通和平衡的结果。而在具体的股份计算中，要考虑的因素也很多。比如，风投机构是否参与日常决策、是否派遣高级管理人员、是否要求管理团队进行业绩对赌等，这些都会影响彼此的持股比例。当然了，无论如何变化，达成让融资和投资双方都能够接受的股份持有比例，更利于企业稳步发展。

4. 提前协商好风投机构是否参与管理

虽然越来越多的风投机构更倾向于参与企业管理，但并非所有风投机构都喜欢这种模式。而且，大部分创业者都不太愿意让风投机构参与公司管理，觉得那是外行领导内行。因此，事前双方必须就风投机构是否参与管理达成共识。

5. 设立可行的变现计划

风投机构最终是要套现走人的，但采取何种方式，就得双方协商了。对于融资企业来说，提前设立好可行的退出计划可谓至关重要。一般方式有：IPO（首次公开募股）、转售、并购和回购等，不管是哪一种退出方式，都应事先设定好相应的触发条件，以便风投机构能够顺利变现，拿到自己应得的回报。

案例

小高是某高校在读博士，因为从小就爱鼓捣家里的电器产品，所以平常喜欢搞一些小发明、小创造。

在读博期间，他联合同寝室的同学，设计出了一款智能炒菜机。这款机器不但能够根据菜谱炒出几十道家常菜，还能根据不同菜系，添加不同适量的调料，炒出来的成菜味道和普通厨师做的相差无几。

在学校组织的创客大赛上，小高团队的项目成功获得风投机构的青睐。风投机构不但投入了300万元资金，还指派专家进行指导，要力争将小高团队的产品进行优化并推向市场。

依托风投机构的资金和资源，小高在博士毕业后和团队顺利成立了公司，致力于餐饮行业机器人的研发。经过几年的发展，如今小高的公司产品已经多达十多款，每年营收在千万元以上。

而之前参与早期投资的风投机构，于2020年底联合其他机构，对小高的公司进行了第二轮1000万元的投资。

很显然，小高及其团队之所以能得到风投机构的支持，核心在于他们拥有自己的核心竞争力，也就是研发技术。虽然小高他们没有资金，但风投机构愿意进行深度参与，投入资金和人力进行扶持指导，这种合作模式很容易达到多方共赢的目标。

做一份让人印象深刻的商业计划书

商业计划书是创业者和风投机构进行项目交流的主要工具，一个创业者无论他的商业逻辑多么明了，项目前景多么美好，如果不能提供一份合格的商业计划书，那他在风投机构的眼里也是不完美的。所以，写好一份让人印象深刻的商业计划书，其重要性不言而喻。

一、怎样写好商业计划书

在撰写商业计划书的过程中，创业者需要充分地进行市场调研，了解产品对应的目标消费市场，多收集相关的关联市场信息和数据。创业者需要通过描述完整的商业规划给投资人带来信心，摒弃那些无关紧要的信息，从投资人的视角看问题。具体写作商业计划书时，应该考虑从以下几个方向入手。

1. 将产品或服务介绍清楚

在商业计划书中，创业者一定要对所提供的产品或服务进行精准描述，如该产品具备高颜值亮点，成为产品的重要记忆点；生产有保障，有足够的品质支撑，能切实解决消费者的需求；卖点很独特，营销模式具有可执行性和竞争力。保证计划执行的要素明确，企业运营管理规范，团队具备很强的执行力。

另外，准确描述当下的发展情况很重要，公司正处于什么样的发展阶段，优势为什么明显，产品具有同业的哪些独特性和卖点；公司的营销推广方法有哪些创新点，能够充分保障产品在市场的推广进度和保有预期的市场占有率；该产品在市场中预期的市场份额是多少；等等。创业者需要重点描述生产管理成本，并将之罗列出来，让投资者通过价格分析知道公司的盈利能力如何。

2. 把竞争对手研究透彻

创业者在商业计划书中应该仔细分析行业竞争对手，即谁是真正的竞争对手，对手的产品在市场上是如何进行推广运作的，竞品与我们的产品差异是什么，竞品所采用的营销策略和推广策略是什么。通过调研明确竞品的总销售额、综合毛利和收入水平等去了解竞品所占的市场份额是多少，企业未来发展所要面对的竞争环境是怎样的。我们要向投资者说明，为什么本企业在市场具有很高的美誉度。

客观准确的描述，目的是让投资人相信，我们才是行业的有力竞争者，我们的产品具有独一无二的卖点，我们是未来确定的行业引领者。在商业计划书中，作为创业者，还应明确目前主要的竞争对手可能会给企业带来的经营风险，以及已经拟定的应对策略。总体来说，你要把竞争对手研究透彻。

3. 对业绩目标进行理性分析

商业计划书要给投资人提供一个企业对目标市场的深入研究分析和预测。通过主要的营销计划内容，列出企业年度计划开展的推广活动，并明确每项活动的预算和预测活动之后可带来的销售收入总额。

在商业计划书里，通过商业模型的建立，可以得出企业的年度经营基本盈亏临界点，在固定成本和可变成本之间寻求盈利的基本平衡数据，这也是通过科学评估，对未来某段时间的业绩目标进行预测。

当然，这种预测不能是胡编，而应该是建立在理性分析的基础之上。要知道，投资人特别是风投机构大都见多识广，过度地夸大其实是在给自己挖坑。

4. 明确企业的销售战略

涉及销售方面，你必须明确企业目前是使用外面的销售团队还是用公司内部优秀职员组成的销售团队？企业是否使用代理商、分销商或特许经营商？企业会提供怎样的销售管理培训？无论是何种性质的公司，销售都是比较重要的环节，你的商业计划书应该将销售战略进行更多介绍。

二、好的商业计划书是什么样子的

一般来说，商业计划书的写作模式大同小异，但具体到每一份，需要强调和突出的内容会有所不同。比如，因为融资目的的不同，新创公司的商业计划书与成熟企业的商业计划书肯定是不同的。

值得注意的是，好的商业计划书之间尽管有一些差异，但也具有一些共同的特征。一般来说，一份好的商业计划书应该尽量写得清晰易懂，合理展示投资回报，分析可能的风险，让投资人能在短时间内被吸引和打动。如果你的商业计划书写得“又臭又长”，投资人可能看了开头便将其丢在一边了。当然，商业计划书要做到写得漂亮并不是一件简单的事情，创业者必须小心地平衡内容和形式。

1. 先从关键概念开始

一份好的商业计划书，大多是沿着基本的商业概念逐步完善的。商业计划书一开始只需要强调几个关键因素，随着分析的深入，不断增加新的内容，这样可以引导投资人清晰了解自己的思维理念。

2. 尽量简洁明了

当投资人阅读到特别感兴趣的商业计划书时，他们应该能立即发现亮点和解决方案。商业计划书要有相当清晰明确的表达结构，不宜太过冗长复杂。任何被认为可能会引起投资人兴趣的主题内容都应该有全面简洁的阐述。根据行业的不同，一份好的商业计划书最佳篇幅是A4纸30页，上下不超过5页。因为投资人一般会收到大量的商业计划书，更没有太多的时间和兴趣去翻看上百页的计划书。

3. 尽量采用通俗语言

鉴于投资人在阅读商业计划书时通常没有解释者答疑解惑，所以写作时应该尽量使用通俗准确的语言，以避免误解。商业计划书应该以事实为依据，并且尽量以数据说话，把计划书写得像广告文案一样文采飞扬其实意义不大，这样的商业计划书并不能起到吸引投资者的作用，反而可能会刺激他们的逆反心理，引起他们的怀疑与猜测。

4. 不要过分挑剔自己

人无完人，虽然我们一定要高标准严格要求自己，但也不必过分苛求商业计划书的完美程度。另外，你在描述一些事项时不必把缺陷或困难全部隐藏起来，而应该采取实事求是的态度，直面这些问题，如实呈现，这样可能反而让投资者觉得你更加值得信任，也更可靠。

5. 让外行也能看懂

俗话说，隔行如隔山。商业计划书如果充斥着大量的专业术语等晦涩内容，是很难让人看懂的，这样就偏离了做商业计划书的目的，商业计划书所描述的内容应该是让外行也能看懂的。

一些创业者认为，用大量的技术细节、专业术语，精细的设计方案和完整的分析报告，可能更容易打动投资者，但大多数时候并不是这样。商业计划书只要具备技术研究结论，并邀请专家参与到商业计划的评估中来即可。许多投资者并非专业技术人士，他们更欣赏简单的解说，也许用一个草图或几张图片进行说明，效果会更好。如果创业者真的想增加一些技术细节，可以把它放在附录里。

6. 保持写作风格的一致

商业计划书应该保持通篇一致的写作风格。即便一份商业计划书是由几个不同的人分段撰写，最后商业计划书的整体呈现也应该是一以贯之的语气，这样可以保持写作风格的统一性，让投资人赏心悦目，不至于造成因写作风格混乱而让投资人不适甚至产生抗拒心理。应该让商业计划书看起来很统一、很专业。例如，标题的大小和层级应该与页面的内容和结构保持审美上的优雅和工整。另外，整洁的排版也可以增加印象分。

三、商业计划书的重点

投资人每天都会对大量的商业计划书进行审查，如何让自己的计划书脱颖而出，吸引投资人的注意力至关重要，这会在很大程度上影响投资者的决定。

第一印象很重要。投资人会认为连商业计划书都写不好的初创公司不算是个有前途的好企业，不值得关注。在一定程度上，初创企业管理层对商业计划书的重视程度也从一定程度上反映出创业者的远见和能力。

那么，投资人更重视商业计划书的哪些内容呢？通常，投资者更加注重对商业计划、目标和战略定位的总结以及财务预测。

一般来说，商业计划书应该包括以下几个方面的重点内容：摘要；企业介绍；产品（或服务）介绍；市场需求；销售渠道和促销策略；财务管理；营业收入的预测；其他说明。

把握好这几个重点就可以清楚地让投资人了解创业者企业的基本概况，同时辅助以图表、动画等呈现手段，努力给投资人留下深刻印象，这样商业计划书的任务就算完成了。接下来，能否达成融资目的，就要看投资者的考虑了。

案例

马力是一个“技术控”，还是一位拥有几项实用性专利的发明人。他很想将自己的专利变成实实在在的产品，再把产品推向市场，造福民众。但他对于如何与人打交道很外行，对撰写商业计划书更是一窍不通。

2019年9月，马力专门找到一位好朋友老赵合伙，老赵是营销专家，曾经做过几家企业的营销老总，有丰富的营销经验。两人合伙的科技企业成立后，马力专门负责技术研发，老赵则负责融资。其中，撰写商业计划书自然是由老赵负责。

老赵不愧是老手，他撰写的商业计划书包含了公司及项目介绍、市场分析、营销策略、财务分析、投资回报和风险防范等几大部分。

商业计划书写好后，老赵还请人专门做了一个漂亮的PPT，然后根据手里掌握的名单，逐一上门拜访风投机构。

因为马力的专利技术广受认可，加上老赵的商业计划书做得很不错，有一家风投机构很快决定投资500万元，对马力和老赵的公司进行参股。

得到风投机构这笔资金后，公司的产品研发得以加速，公司的发展很快进入快车道。截至2021年上半年，马力和老赵的公司营收及净利润分别达到2000万元和300万元。

路演的五大法则

无论是初创企业，还是处于高速发展期的企业，只要涉及融资，一般都会涉及路演。

那么什么是路演呢？简单来说，路演是指通过现场演示的方法，展示创业者的产品或想法，引起目标人群的关注，使投资人产生兴趣，最终达到你的预期宣传目标。对于创业者来说，除了通过一份不错的商业计划书，还可以利用路演的机会，把公司或项目成功地展示出来。

通常来说，很多投资人比较忙，给你展示的时间不会太多，所以，我们在做路演时，必须遵循五大法则。

1. 务必守时

或许，你所在的城市交通极为拥堵，那么你必须提前规划好行程，最好是提前15分钟就到达投资人的办公室，这样可以与对方交流一下，了解对方更关心哪些方面。切记不要迟到，守时是最基本的素质。

2. 讲求效率

我们前面提到，投资人大多比较忙，给你的时间不会太多，所以，无论你的路演是单独做的PPT，还是详细的商业计划书，都要尽量挑选重要部分来说，力求让对方至少能听懂你想展示的信息的80%。如果投资人感兴趣，自然会主动延长时间，和你讨论那剩下的20%。

3. 重视对核心团队的介绍

路演者可能是团队的老大，在向投资人展示项目时，一定要介绍核心团队，而不是老说自己如何厉害。其实，投资人看中的，除了企业技术实力、产品市场前景，还有团队的力量。如果你的团队汇聚了不同方面的专家，投资人会更放心地把钱交给你。

4. 先交朋友

创业者都期待早日拿到投资，这个心情可以理解，但你要了解，当前人与人之间面临信任危机，因此，第一次路演时，你除了正常介绍公司、展示项目，不要急着现场要钱。毕竟，投资人对你及公司要有一个了解的过程。就算创业者的路演很完美，投资人也很少当场拍板说给你多少投资。他还得进行私下考察、内部评估，主要的几个方面确认没问题后，才会走到确定投资的那一步。

5. 平常心对待

即便投资人约你见面，而且你去认真路演了，也不一定马上就可达成合作。对此，创业者要保持一颗平常心。千万不要因为没有合作成功，就责怪投资人浪费自己的时间、不专业等，要知道，这种事情本来就讲概率，可能你谈了10个，能有一个人合作成功，那就算很不错了。大方地向投资人表达感谢，留下好印象，说不定投资人会改变主意，或者日后还有合作机会。

案例

2019年底，李军和一位朋友合伙成立了一家智慧医疗公司，因为李军的公司是“医疗大数据+算法+在线”等多方相加的结果，具备云化、人工智能化、平台化、在线共享化和标准化等特点，所以公司的发展前景十分看好。

但再好的前景，没人去推广也是枉然。而大面积招聘人员，需要大量资金。为此，李军团队绞尽脑汁寻找融资。

他先是找到银行，但对方说，你没有抵押，办不了贷款。紧接着，李军找亲朋好友借钱，但大家都说，现在经济环境这么差，你还敢招人烧钱，是不是脑子坏掉了。

各种办法都试了，李军没融到一分钱。无奈之下，他把目光转向了风投。

经人介绍，他认识了一位从华尔街回国的肖博士。这位肖博士一直从事风险投资，此前已经在美国和中国投资了几家很有前景的科技企业。

第一次去路演，李军和团队成员精心准备了一番。但在路演过程中，他发现肖博士几乎没开口，全程只是盯着PPT上的数据在看。路演结束，肖博士没有太多的表示，只是礼貌性地说了几句谢谢。李军心想，看来这次是白忙活了。不过，他还是向肖博士深深地鞠了一躬，感谢他抽出宝贵的时间来听他的演说。

回到公司后，连续几天，肖博士那边都毫无消息。李军也把这件事逐渐忘记了。

半个月后，李军意外地接到了肖博士打来的电话。对方说，李军路演当天，他故意不做过多表示和询问，就是想看看创业团队能否沉得住气。这段时间，他找了专家，对路演项目和相关数据进行了认真分析，觉得这个项目很有前景，他愿意投资300万元人民币。

挂断肖博士的电话，李军兴奋不已，高兴得当场跳了起来。此时，他终于体会到“风雨之后见彩虹”的幸福滋味。

第六章

→

30分钟领悟经营：科学管理出效益

管好人：把适合的人放在适合的岗位上

我们知道，创业能否成功，核心团队和人才队伍十分重要。那么，什么叫人才，什么样的团队更有战斗力，团队成员是不是学历越高越好？答案是否定的。很多行业并不需要团队成员有多么高的学历，而团队整体的合力才更为重要。

一、人才的主要类型

在现实生活中，我们常听人说，张三教书育人很棒，教出很多优秀的学生，桃李满天下，是个教育方面的人才；李四对投资方面很精通，赚了不少钱，是个投资人才。

什么是人才？简单来说，人才泛指各行各业的领军人物，即具有一定的专业知识或专门技能，进行创造性劳动并对社会做出贡献的人，是人力资源中能力和素质较高的劳动者。

其实，人才是一个大的概念，从不同角度划分，又可以划分成多种多样的人才。比如，按照国际上的普遍分法，可分为学术型人才、工程型人才、技术型人才、技能型人才四类；按照级别来分，可分为初级人才、中级人才、高级人才等。

对企业而言，人才是指能够胜任岗位能力要求，进行创造性劳动并对企业发展做出贡献的人。简单来说，企业的人才包括管理型人才、经营型人才和技术型人才三大类。

1. 管理型人才

这种人才具有广博的知识、丰富的社会经验和高超的管理能力，通常对人的行为、心理及人际关系有深入了解或研究。他们能够把公司的所有人才放在适合的位置，并激发出每一位员工的积极性和创造性，最大限度地完成公司各项目标。

2. 经营型人才

这种人才主要指负责经营的单位负责人或部门负责人。他们具有丰富的市场经验，懂得如何将公司的产品或服务实现经济利益最大化。

3. 技术型人才

这种人才主要指负责公司产品或服务设计和研发的人。他们是确保公司的发展战略得到具体落实的人。

必须提醒的是，无论是哪一种人才，本身并没有高低贵贱之分，都是企业发展不可或缺的一环，彼此之间切不可推诿内耗，而应该密切配合，形成合力，进而推动企业向前发展。

二、不同的位置配置不同的人

有句话说得好：一个人放对了地方，是人才；放错了地方，是蠢材。这句话深刻地揭示了所谓人才的真正含义。

站在战略高度来说，人才是我国经济社会发展的第一资源。对创业公司而言，人才是公司能否正常运转和发展壮大的核心，因为绝大多数工作都是靠人来完成的。随着科技的发展，就算部分岗位如今可以由机器人或智能设备完成，但这些机器人和设备也是人设计和制造的。

一个人再厉害，他只能是一两个领域的顶级高手，不可能样样精通。因此，把具有不同才能的人才放在适合的位置，才能发挥出最大的效能。比如，让一位才华出众的科学家在公司负责产品的研发，无疑是最适合的，但如果让他负责人力资源部门，就是对人才的巨大浪费，他在人力资源部门可能干不了多久就会挂印而去。

三、互补型创业团队更容易成功

除了能力特别强和资源特别广的创业者可以在一家公司独当一面外，其实，绝大多数创业公司都是由多个股东组成。

而由多个股东组成的公司，最好是彼此属于互相补缺的情况，这样可能会走得更远。比如，一家科技公司，大股东是高端人才，是技术翘楚，能够推动公司开发出满足市场需求的优质产品，但他可能并不擅长搞好人脉关系，也没有太多资金；二股东则是一位久经沙场的行业精英，他有丰富的人脉关系网络；三股东不懂技术，也没有太多人脉，但有雄厚的资金。这三位组成的创业团队，就是典型的互补型团队。三个股东各有各的短板，又各有各的长处，把他们拆开，可能成不了什么事，但组合在一起，却能发挥出团队的力量，这样的组合去创业也更容易成功。

案例

张大童是海归博士。2015年回国后，张大童先后联系了几家对其有意向的单位，但这几家单位开出的薪资条件都不怎么样。于是，他萌生了自主创业的想法。

张大童学的是电气工程专业，留学期间，他还在一家大型国际集团公司实习过。应该说，他的技术实力很强。但他也清楚，国内的环境和国外毕竟不一样。为了让创业的梦想能够实现，他找到了读本科时的一位同学刘兵，而刘兵在当地有深厚的人脉资源。与此同时，刘兵还推荐了自己的一位好友段强入股，段强是一位成功的企业家，开了几家公司，这些年赚了不少钱。

三个人一合计，决定开一家智能电器公司。经过半年的筹备，这家公司顺利诞生。在分工方面：张大童是董事长，负责公司整体战略和技术研发；刘兵是总经理，主要负责市场营销；段强资金实力强，主要是投钱，并不参与日常管理，但会给予一些资源协助。

公司主要生产沙冰机、豆浆机、蒜蓉机等，得益于张大童的技术实力，他们开发出的产品，其智能化程度比同类竞品高出不少，价格却相差不大，所以极具市场竞争力。公司成立几年后，生产的产品先立足于本地及周边市场，后续开始出口到意大利、西班牙、俄罗斯等国家。截至2020年底，公司年营收规模达到8000万元，年净利润3500万元。

很明显，张大童等三人创立的电器公司就是典型的互补型团队创办的公司。在公司发展过程中，每个人都积极配合，最终取得了1+1+1>3的效果。

管好钱：作为创业者必须懂的财务知识

实话实说，绝大多数创业者都不是专业的会计出身，但创业又会涉及很多财务知识。虽然前期可以聘请第三方财务公司做账报税，但如果创业者自身不懂得一些基本的财务知识，也是一件危险的事情。

中国有个用于财政经济问题的成语，叫“开源节流”。开源节流对家庭经济生活来说十分重要，对企业发展来说同样如此。这个成语的含义是：尽量扩大资金来源，尽量减少成本开支。说到底，作为创业者，你懂得一定的财务知识，就能清楚地知道企业的现金流是否健康，制定的发展战略是否符合公司发展实际。反之，如果创业者并不了解公司的实际情况，或者像一个提线木偶一样，就容易被财务人员蒙蔽或操控。

通常来说，创业者需要看懂财务四张表，即资产负债表、利润表（或损益表）、现金流量表和所有者权益变动表。

一、现金流管理是重中之重

财务知识比较专业，而且体系庞大，短期内你可能没有时间去完全搞懂，但其中一些关键的知识必须有所了解，比如关于现金流的知识。

对初创企业来说，企业的现金流如同人体的血液，不可或缺。人体靠血液输送养分和氧气，进而维持生命。而现金流的充足与否，直接关乎企业的生死存亡。

1．现金是不是越多越好

现金是不是越多越好？答案是否定的。通常来说，现金流充裕，企业做规划时，就有更大的腾挪空间，更容易施展得开手脚，但这并不意味着账面上的钱越多越好。因为账上的钱躺着不动，其实是一种资源的浪费，机会成本很高。

因此，创业者必须考虑流动性和收益性的平衡。换句话说，当现金超过企业在一定时间内的需求时，可以考虑将多余的现金进行投资，以获得一定的收益。目前市场上可投资的项目很多，如股票、基金、债券等，至于选择哪一种作为投资标的，就要看企业未来一段时期内对流动性的需求，以及企业的抗风险能力。

2．确保资金链不断裂

最近几年，全球经济疲软，加之受新冠肺炎疫情的影响，很多企业因为订单减少，加上现金被耗尽，资金链断裂，最终面临关门倒闭的尴尬结局。

由此可见，用好现金预算管理工具，做好现金管理工作，确保资金链不断裂，是创业者首要考虑的问题。

历史上，因为资金链断裂而倒闭的著名企业不胜枚举。据《经济观察报》2018年8月18日报道，受行业市场低迷、贸易壁垒重重等多重因素的影响，那段时间中国轮胎产业出现了破产潮。山东永泰集团有限公司被申请破产清算，成为当时轮胎行业最大的破产案。

据报道，最为鼎盛之时，山东永泰集团有限公司曾进入全球轮胎行业

75强排行榜，并在2016年入选中国化工企业500强榜单，排名第70位，综合实力列中国轮胎第一大省——山东轮胎行业第7位，董事长尤学忠更是获得了“中国优秀民营企业家”称号。但在20余年发展期间，该公司不断扩张，纷纷上马新项目，涵盖房地产、车轮、机械、汽配、新能源等诸多方面，而每个项目都需要大笔资金，无奈之下，该公司伪造虚假贷款材料，以欺骗手段，骗取东营银行胜利支行贷款5000万元，给银行造成重大损失。在无力还债之后，这家曾经的明星企业最终轰然倒下。

从山东永泰集团有限公司的案例可以看出，无论是企业初创期，还是在规模做大之后，企业管理层都必须随时保持清醒，不能被某些虚幻的东西冲昏了头脑，要时刻将现金流这根弦绷紧。

二、打赢成本管控硬仗

当前，几乎没有蓝海领域，每个领域都是刀刀见血的红海，这种残酷局面直接导致现在已然是一个微利时代，因此，无论是大型跨国企业，还是中小企业，都需要把控制成本放在重要位置。对于创业企业来说，打赢成本管控这场硬仗尤为关键。

初创企业的现金流往往不太充裕，这就更要求创业者想方设法，在设备采购、员工工资、营销、办公等每一个环节发扬勤俭节约的美德。

具体来说，成本管控就是利用会计人员提供的真实信息，找到实际需求和超出需求之间的差别，该用的用，该省的省，力求把每一分钱都用在刀刃上。

在实际操作上，每家企业可能有所不同，但以下几个方面是可以做到的：第一，降低采购成本；第二，减少流通和库存成本；第三，精减行政支出；第四，减少财务费用；第五，节省人工成本。

案例

宋坦和朋友合伙开了一家纯净水厂。因为是新创企业，前期很多地方都要用钱。尤其是作为一个新品牌，当地的纯净水市场已经被农夫山泉、娃哈哈、怡宝等全国性大品牌分割完毕，要想从这些巨无霸口中吃到一点剩下的骨头，难度可想而知。

为此，宋坦的公司只能不断赞助一些运动会、大型论坛，也积极参与一些媒体以及行业协会举办的活动。

有一次，作为一场论坛的饮用水主赞助商，宋坦不但获得了上台演讲的机会，还看到自家品牌的饮用水摆在每位参会者的面前，心里有一种莫名的自豪感。但散会之后，看着会场到处散落着矿泉水瓶，而且有的水瓶只是拧开了盖子，客人根本没喝几口水，想着这些水是自己和员工夜以继日辛苦生产出来的，宋坦的心仿佛在滴血一般。

回到公司后，他把品牌和营销的负责人叫到办公室，详细了解公司对外进行活动赞助的情况。据了解，仅2021年上半年，公司就赞助了多场大型活动，赞助的矿泉水价值超过15万元，其中浪费的矿泉水价值至少7万元，但并未带来一家企业客户，在当地的市场占有率一直徘徊在1%左右。

这种铺张浪费且无效的成本支出让宋坦极为震怒。此后，他要求对外的每一笔赞助，活动负责人不但要列出使用明细、用途，还要把活动要达到的经营目标逐一落实，把成本控制在合理的范围。

新的活动赞助制度实施一个月，不但使相关成本降低30%，还成功开发了两家大型企业，实施定点供水，企业的效益由此得到明显提升。

分好钱：设计一套好的薪酬制度

一个企业能否做大做强，成为很多人向往并愿意为之奋斗一生的好公司，涉及方方面面。比如，公司具有良好的发展前景、简单的人际关系、和谐的工作氛围等，其中有一项至为重要：有一套好的薪酬制度。

作为创业者，一定要懂得分好钱，从而激发员工的积极性，提高公司的核心竞争力，这样才能在激烈的市场竞争中立于不败之地。

科学合理的薪酬制度必须建立在充分调查的基础之上，而不是创业者随意拍拍脑袋就决定的。它的基本设计流程如下。

1. 了解当地及行业薪资水平

我国地大物博，各地的经济发展水平和薪酬收入差别较大。比如，北京、上海、广州、深圳等一线城市，与成都、西安、贵阳等西部省会城市的月工资水平要差几个档次。而不同行业的薪酬同样差距明显。比如，电力、互联网、金融等行业，普遍薪资较高，而超市、餐饮等行业的薪资就会低很多。

因此，作为企业老板，最好是结合当地及行业的薪酬水平来确定自己公司的薪酬。特别是还要了解一下同类型公司的薪酬水平，以便吸引行业优秀人才加盟或防止优秀员工被同行挖走。

2. 绩效标准清晰且易于执行

部分读者朋友可能遭遇过一些尴尬的事情，就是你在入职一家新公司时，公司老板或人力资源部门负责人和你谈绩效标准时，总给人一种模糊不清的感觉。比如他会拍着胸脯说，你只要努力工作，月收入过万绝对没问题，但就是不说在什么标准下能实现月收入过万。这种情况会让员工无所适从，不知道如何执行标准，也容易失去努力的方向。

对于好的薪酬制度来说，一定是绩效标准清晰且易于执行。比如，针对销售人员，应该让员工知道，在哪种业绩情况下，只有基本工资而没有提成。而业绩达到什么水平时，既有基本工资，还有提成，并且清楚了解提成的比例是多少。如此一来，员工就很清楚，如果把工作效率提高，工作做得更出色后能获得怎样的回报，干劲也就会更足。

3. 薪酬制度要合情合理且公平公正

薪酬制度是一项科学系统的工程。通常来说，薪酬结构分为基本工资、绩效工资、加班工资、过节福利等几个部分，大一点的公司还有股权激励等。

（1）何为合情合理？在设计薪酬制度时，基本工资和绩效工资分别设置成多少，除了要考虑当地的经济发展水平和行业收入水平，还与不同的岗位有密切关系。举个简单的例子，公司的前台和销售人员，因为工作性质不同，基本工资肯定是不同的。因为前台没有销售任务，拿的是死工资，基本工资可以稍高一点。例如，在西部某省会城市，公司前台的基本工资可以定为3500～4000元，加上500～1000元的全勤奖，再加上过节费和年终奖，年收入在60000～80000元。而销售这个岗位的特点是主要靠销售量提成，因此，其基本工资可以定为2500～3500元，然后根据完成的业绩目标，每月可获得1500元以上且上不封顶的提成，再加上过节费和年终奖，年收入在10万元以上。

什么叫合情合理？以上文同一家公司的前台和销售人员为例，这样的薪酬体系设计就是相对合理的。二者的收入有差距，但这种差距又没有大到离谱的地步。另外，如果前台愿意转岗做销售的话，通道必须是通畅的。

（2）何为公平公正？意思是说，员工进入公司后，通过不断努力，为公司创造价值，能拿到自己期待的收入。与此同时，如果犯错或消极怠工，也应该受到相应的处罚。一般来说，只有奖惩分明的薪酬制度才能凸显公平公正。

奖励的部分很简单，根据公司设定的制度，不打折扣，不找借口，该奖励多少是多少，严格执行到位。另外，除了物质奖励，还要设定一些精神奖励。比如，每个季度评比优秀员工，颁发奖状；提供学习培训机会等，这些组合奖励措施可以增强员工的荣誉感和归属感。

惩罚的部分，可根据月、季、年度考核的标准或日常工作表现，对工作能力不佳或态度消极的员工实施经济处罚、降级、换岗，直至解除劳动合同关系等。

需要提醒的是，实施惩罚时，力度不宜超过奖励，否则容易引发员工的怨气，带来负面影响。比如，员工岗位级别上升一级，每月工资增加500元，而下降一级，每月工资减少300元。如此一来，员工会觉得创业者的目的是鼓励大家做好工作，而不是变相罚款、减少成本。

分好钱虽看似简单，但背后却是一个复杂机制，它充分折射出创业者的格局和做事方法。

案例

谢聪是一家创业公司的两位股东之一，主要负责人力资源部门。公司大股东董明之前是做销售出身，性格比较强势，在员工薪酬方面，不太听得进谢聪的意见。

公司刚成立时，董明给销售人员定的无责任底薪是4000元，加上提成，员工轻轻松松拿到手的月收入有15000元左右。而他认为行政人事人员的作用不大，只是处理日常杂事，工资定额就只有3000元。因为工资太低，公司成立一年多，先后有4位行政人事人员离职。

为此，谢聪向董明多次建议，应该重视行政人事这个岗位。因为这个岗位日常工作比较繁杂，涉及面试、员工培训、签订劳动合同等许多重要环节。前几任行政人事人员离职，原因就是纷纷抱怨付出与回报严重不成比例。虽然行政人事不是直接产生业绩的部门，但肩负着公司进人入口把关，作用不可忽视。

对于谢聪的建议，董明决定私下考察之后再做决定。为此，他有两次晚上11点路过公司楼下，看见行政人事部门灯火通明，同事们都还在连夜加班。

董明彻底被震撼了，他为自己之前的偏见感到羞愧。第二天，他在全体员工大会上宣布，重新调整公司的薪酬制度，将行政人事部门员工的基本工资上调到4000元，年终奖也相应提升。

此后，行政人事部门的同事工作积极性大幅提升，接连给公司挖到了几位业务骨干，公司的整体效益也得到迅猛增长。

定战略：思维深度决定发展高度

如果说创业者的思维决定了一家企业的走向、战略的方向、营销的思路、管理的手段甚至企业的生死存亡，相信没有几个人会反对。

正因如此，如何确保创业者的思维不出大错，能够让企业的发展行稳致远，就显得尤为关键。那么如何才能做到呢？笔者认为，有几点做法值得参考。

1. 从员工思维变为老板思维

我们知道，很多创业小白都打过工、上过班。从员工变成老板，思维也得跟着转变。员工的思维比较简单，不少员工每天考虑的是如何在上班时间把8个小时对付过去，对得起自己的工资就行，至于公司发展得好与坏，他们大都不会考虑太多。如果公司倒闭了，大不了换一家公司继续上班，反正他们觉得公司赚多少钱与自己关系不大，老板也不会多分给自己一点。而老板思维显然不同，考虑的问题涉及方方面面，大到公司发展战略，中到部门效率，小到一张纸的成本，事无巨细，都得尽量掌握，毕竟稍有不慎，就可能满盘皆输。

2. 必须不断学习提升

创业者之前的从业经历会在很大程度上决定老板的思维，这些经历是创业者不可或缺的财富。无论创业者创办的新公司是否与之前的从业经历有关，他的行业认知、专业认知和市场认知等都会有一定的局限性。

为了打破这种思维局限，每位创业者都要不断学习新知识，和不同的人交流沟通，并且结合培训、读书学习等多种方式，为初创公司拟定新的发展战略。

3. 创业者必须有全局思维

在创业之前，大部分人都是打工者，即便有人做过部门领导，也很难脱离打工者思维和局部思维，更多思考的是个人或部门利益，视野极为狭窄，看问题容易一叶障目。

事实上，要运营好一家公司，很不容易。创业者可谓身兼多职。他既是思想家、战略家，又是超级销售员和实干家。更为重要的是，他必须具有全局思维，所谓站得高，才能看得远。

可能有人会问，在企业管理层做过的专业人士出来创业，是不是更容易成功呢？答案是不一定。比如，一个人曾经在某公司做过副总经理，离职创业后，他同样可能遭遇失败。这是因为，如果在企业管理层做过的是职业经理人，而不是出钱的老板，那他的思维还是打工者，只不过是高级打工者，他只是负责公司运作的某个板块，依然很难接触到公司的全部运作机密。换句话说，做过企业管理者，创业时成功的概率确实会比一般员工高，但与真正出资办过公司的人相比，还是有很大区别的。

案例

谭可是一位地产经纪人，之前在一家比较大的房地产经纪公司任部门主管。在老东家干了3年后，他觉得自己在各方面都很优秀了，于是谋划着出来创业。

经过紧张的筹备，他和老同事康展联合开办的一家地产中介门店开张了。但让谭可始料未及的是，新店开张3个月，几乎没有生意上门，一直在亏损。

谭可百思不得其解，便和康展商量，希望找到问题的症结所在。康展之前没有做过房地产经纪工作，他原是一家互联网公司的软件开发人员，对房地产行业比较陌生，也拿不出更好的建议。

后来，经过与专业人士沟通，谭可终于知道了原因所在，归纳起来有四点：

一是因为成本有限，门店选址太偏僻，很多客户觉得上门太麻烦，不好找，都选择找家门口的中介门店合作。

二是新店没有品牌知名度，老客户有疑虑，新客户不信任，而一套房子动辄上百万元，客户都很谨慎，担心万一出了问题，找不到负责的人。

三是谭可之前只是在房地产政策、户型讲解、带客户看房等方面有些经验，但对于管理一家门店和新公司，缺乏系统的知识储备和能力，比如，在财务知识、领导能力、沟通能力等方面都还有所欠缺。

四是因为对房产经纪人的管理不善。谭可的门店有一位经纪人曾经泄露了客户信息，引发轩然大波，客户三天两头上门讨说法，使得生意大受影响。

重质量：百年大计，品质为本

在创业过程中，很多创业者太急于求成，为了尽快赚到钱，宁愿牺牲产品质量也在所不惜；有的创业者则是重销售，不重服务，导致消费者消费体验差，投诉较多。殊不知，这些做法都无异于饮鸩止渴，对企业的中长期发展负面影响较大。创业者必须明白，在产品质量方面要做到警钟长鸣，百年大计，品质为本。

1．质量安全可靠是首要战略目标

无论你做的是哪个行业，只要涉及具体产品，务必要将安全可靠放在首位，来不得半点马虎。尤其是与国计民生息息相关的产品，如食品、药品等，稍有不慎，就会危及人身健康，万万大意不得。

2．产品质量过硬永远是客户忠诚的最好保证

很多创业者总是抱怨客户不忠诚，朝三暮四，但却从来不认真思考，为什么自己的客户忠诚度不高，这其中很大一部分的原因就是产品质量不过硬，不能满足客户的基本需求，更别说什么超预期需求了。创业者必须

要记住一点：产品质量过硬永远是客户忠诚的最好保证。

3. 高标准严要求做好产品

当然，产品质量过硬，不是说你非得做到行业最高标准，毕竟企业还得考虑产品成本问题。但你也应该严格要求自己，高标准做好产品。那么，何为高标准呢？简单来说，就是高于行业普通的标准，唯有如此，才能确保大部分消费者满意，并以此击败行业竞争者。

4. 产品包装不必太奢侈

如今，一些创业者为了掩盖产品的品质不足，把心思花在了产品包装上。不得不说，一款好产品确实需要一个匹配的包装，但如果是过度包装，就没有必要了。比如，有的茶叶本身口感一般，品质不高，外包装却做得高端奢华，其成本甚至超过茶叶本身，这就是典型的本末倒置、华而不实，很容易引起消费者的反感。

案例

兰馨之前是一家食品厂的技术员，对蛋糕的配方、样式等有独到的研究。2018年下半年，她和亲戚合资成立了一家食品厂，在市区开了一家门店，专营各种蛋糕、面包等食品。

刚开始，得益于新颖的款式、可口的味道和过硬的品质，兰馨公司的蛋糕等产品广受顾客欢迎，有的顾客甚至专门开车10多公里过来购买。

到了2019年9月，兰馨觉得消费群体已经形成，偷偷减点料，降低一点成本，提升一下利润，顾客可能也察觉不到。于是，她和另外一个股东决定保持售价不变，但暗中使用了相对便宜的原材料。

没想到，这一做法被一些忠诚的老顾客慢慢发现。随着时间推移，兰馨公司的顾客逐渐流失，回头客日趋稀少。等她醒悟过来，重新恢复之前的做法时，老顾客已经流失了一大半，这也让兰馨的公司损失惨重，很长时间运营艰难。

第七章

30分钟识别风险：练就一双火眼金睛

创业者是风险责任人

2011年9月，世界经济论坛创建者克劳斯·施瓦布曾在第五届夏季达沃斯论坛上，与40位“全球杰出青年社区”中国代表，就青年创业者的当前责任和未来使命进行了一场对话。他现场发问：“你们成功的目的是什么？是赚取尽可能多的钱，还是尽可能多地为社会造福？”

他表示：“有的人可能偏向于获得金钱上的成功，有的人可能更重视为社会效力，我觉得两者之间是一种互相补充的关系，但有的时候做事情是非常困难的，因为我们知道可能有的人为了社会的福祉而努力奋斗，但不幸的是整个社会一个衡量成功的标准，我们都知道是以金钱为主的。”

施瓦布一直强调一定要以全球公共利益为出发点，作为一个成功的企业家，公司办得很好，事业蒸蒸日上自然是好事。但与此同时，也不要忘了自己所肩负的企业社会责任。

作为一个创业者，每天最先考虑的肯定是解决企业生存问题。然后才有更多的精力和能力去解决其他问题，包括承担更多社会责任。其实，在很多人看来，事多、钱少、风险高，大概是创业者能享受到的“固定待遇”。至于令人艳羡的高回报和耀眼的光环，往往遥不可及。说得具体一点，企业经营好了，是创业者的基本职责；如果经营不善，就算是各种主客观因素共振的结果，一般也会将创业者视为第一风险责任人。

那么，除了要肩负相应的社会责任之外，创业者还要肩负哪些企业的责任和风险呢？我们认为，一家公司成立后，它就不是一个单独的个人团体，而是代表了一个社会组织或者是一个团队，企业在创造利润、对股东和员工承担责任的同时，还要承担对消费者、社区和环境的责任。归纳起来，创业者通常需要承担下面几种责任，相关的风险自然也相伴而生。

1. 对股东

营利性企业，自然要赚钱。因此，在法律法规允许的基础上，创业者必须想方设法地让企业赚钱，实现股东收益的最大化。而各种法律风险、政策风险和市场风险，创业者随时都得小心应对。

2. 对员工

企业不管规模大小，都会有员工。在企业发展过程中，创业者必须要考虑员工的工作环境、待遇、满足感和成就感，而不是只考虑个人或股东利益。为了让员工尽可能地安心工作，创业者往往如履薄冰，生怕某个环节没做好，引发员工不满，甚至为企业带来麻烦。

3. 对消费者

无论是何种企业，生产什么产品或提供何种服务，只要是营利性企业，都会有特定的消费者。只不过，企业的消费者可能是机构、团体或政府部门，也有可能是数量庞大的个体。要想实现企业利润的最大化，就必然要通过消费者的购买行为来实现。因此，创业者必须时刻把控产品或服务质量，为消费者提供质优价廉的产品或服务。创业者通常会把消费者放在核心位置，防止可能的风险事件发生。

4. 对政府

企业要想走得更远，必须认真扮演好社会公民的角色，严格按照政府有关法律法规的规定，合法经营并照章纳税，承担政府规定的责任和义务，接受政府依法的监督和干预。对创业者来说，随时审视公司的各个环节是否合规合法，确保不被监管部门处罚，防范可能的风险，其重要性不言而喻。

5. 对环境

如今，环境保护问题日益突出。企业的发展不能只顾自身，而是需要站在全局立场上，努力实现自身发展与环境保护的和谐统一。在环境保护问题上，创业者必须与国家政策保持一致，才能让企业行稳致远。

6. 其他责任和风险

当然，除了以上几个方面，作为创业者，在条件允许的情况下，还得考虑公益慈善、科技发展等诸多方面的责任。正因如此，在创业过程中，创业者必须不忘初心，砥砺前行，肩负使命，把企业逐步发展壮大，以承担更多的社会责任，为社会和谐和经济发展做出更大的贡献。与此同时，无论企业处于哪一个发展阶段，创业者都要保持清醒的头脑，随时绷紧风险这根弦。

案例

童斌高中毕业后南下沿海打工。在外打工的十多年间，他换了几家工厂，慢慢从普通操作工成长为班组长、车间主管直至厂长。2000年，考虑到父母年纪越来越大了，为了方便照顾老人，童斌带着妻子回到了老家。

此后，他在老家镇上办起了一家皮革厂。最开始，厂子生意不景气，虽然附近的村民经常反映废水污染问题，但童斌总是各种搪塞拖延，他总觉得周边的小工厂很多，又不止他一家存在问题。因此，他与厂子周围的群众关系极为紧张。

随着政府各级环保督查力度逐年加大，生意慢慢做大的童斌也开始认真思考如何处理厂里的污水臭气的问题。

作为创业者，童斌逐渐认识到肩上的社会责任，他多次召集其他股东召开专项会议，重点讨论购买新设备和新工艺。尽管购买这些新设备和新工艺需要不少资金（一套大型设备要几万元甚至十几万元），但童斌明白，工厂要想做大做强，除了生产出合格的高质量产品，赚取利润，也绝对不能牺牲周边村民的健康，更不能给大自然留下伤痕。另外，他还认识到，发展和保护看似对立，其实二者从根本上是统一的。因为资源一旦循环起来，反复利用，就能减少消耗，对自然的索取强度就会相应下降。有针对性地治理污染，就能尽可能维持自然原貌，保护蓝天绿水青山。如果只顾眼前利益，整天想着投资后获得高回报，完全不顾环境恶化，必然引发不良社会反应，势必也会受到监管部门的处罚，政策风险一旦处理不好，工厂也不会有好的未来。

除了工厂上了新设备，童斌还把厂区建设得像花园一样，他与附近的村民关系也日渐得到缓和。这种巨大的转变让童斌感受到了作为企业创始人，必须站在更高的角度思考企业的发展和责任问题，而及时做好防范风险，也是极为重要的。

创业中常见的风险类别

众所周知，唐僧师徒西天取经团队中，孙悟空有一双火眼金睛，能清楚地看清各种美女画皮下的妖怪，这项强大的本领帮助师徒四人一路斩妖除魔，为保护唐僧成功取得真经做出了不可磨灭的贡献。

其实，创业也和唐僧师徒西天取经一样，要面对各种艰难险阻。在创业团队中，领导者或核心团队也必须练就一双像孙悟空一样的火眼金睛，用来识别各种陷阱、诱惑和圈套，确保创业公司这艘小船逐步发展成为巨舰。

那么，在创业过程中，常见的风险类别有哪些呢？下面，我们就一一来解析。

一、人才流失

毫无疑问，人才流失是所有创业者最担心，但又不得不面对的问题。通常来说，一个人才能否在企业持续做出自己的贡献，涉及的因素很多，如薪酬待遇、成就感、发展空间等。创业者要想企业顺利发展壮大，必须高度重视人才建设问题。

1．常见原因

之所以把人才流失风险放在首位，是因为人才是一切事业的核心，再伟大的公司，都是由一个个实实在在的人来建立的。

在企业发展过程中，自然要使用一些专业人才，如人力资源专家、销售精英、产品研发工程师、活动策划专家等。这些人才出现流失，常见的原因有：同行开出更高的薪资挖人，员工的正常诉求得不到满足，员工缺乏归属感，工作氛围不好等。一旦比较重要的岗位人才流失，就会极大地影响企业的核心竞争力。

2．解决办法

首先，在条件允许的情况下，给员工提供有竞争力的薪资待遇。其次，注重企业文化建设，关心员工的精神需求，提升员工的成就感和归属感。最后，营造公平、公正的工作环境和通畅的晋升通道。

二、战略失误

如果把创业公司视为一艘船，那么创业者就是船长。船能否顺利驶过险滩和旋涡，船长的专业能力、行业经验和眼光可谓至关重要。一旦船长的判断出现问题，后果将极其严重，可能会造成船毁人亡。因此，确保战略决策上不出现重大失误，是每个创业者必经的考验。

1．常见原因

所谓战略失误，就是指在公司经营过程中，因为领导者决策失误、管理不善等因素，导致公司出现重大方向性失误，直接影响到公司正常运转。而导致这种情况背后的原因有很多，如决策者自身能力有限、误信他人、被诱惑等。

2. 解决办法

要解决可能的战略失误风险，可行的办法有以下几个：一是决策者和管理团队需要不断提升自身专业素质和管理能力，打开视野，不墨守成规。二是不搞“一言堂”，形成重大事项的集体决策制度，降低因为一个人的认知有限而犯错的概率。三是聘请第三方团队或机构提供决策参考。

三、投资失败

在创业过程中，一些创业者为了确保公司稳健发展，会做一些关联投资。比如，有些公司处于产业链的中间环节，就会投资产业链的上游或下游企业，以便形成全产业链。也可能利用手里暂时闲置的钱做一些理财投资。但任何投资都是有风险的，失败的可能性永远存在。

1. 常见原因

投资失败的风险，主要指企业在投资某个项目或某款理财产品时，因为遭遇未来投资收益的不确定性，在投资过程中可能遭受本金损失的风险。

常见的原因有：投资判断失误、对投资标的了解不多、投资标的遭遇意外损失、突然遇到政策变化等。

2. 解决办法

投资是一件专业的事情。有的创业者做自己熟悉的行业是一把好手，但换一个行业可能就一无所知，仅凭别人各种吹牛和包装，他可能就盲目轻信了。

为了规避投资风险，创业者要对每一项投资都事先做好风险评估。通过专业的分析，对每一笔投资的可能风险，以及这种风险会给企业带来多大的负面影响进行慎重研判。特别是金额巨大的投资，绝不能仅凭一时冲动，拍脑袋决定。此外，还得考虑一旦投资失败，如何进行补救或进行风险隔离。

四、财务混乱

财务混乱的问题，在家族企业中屡见不鲜。因为这类企业创业者亲戚会把握着重要部门，财务人员谁都惹不起，为了保住饭碗，大家常会睁一只眼闭一只眼，这就很容易导致资金进出很不规范，财务信息无法准确反映企业的实际经营情况。

1. 常见原因

企业在经营过程中，由于股东裙带关系复杂、大股东随意侵占资金等种种原因，会导致企业经营不善，造成流动性紧张，资金周转困难，直接或间接引发企业破产倒闭的风险。

2. 解决办法

无论导致财务混乱的原因是哪一种，解决办法都是一致的。

首先，建立健全的财务管理制度。古话说，没有规矩，不成方圆。一个公司，前期可能没有专职财务人员，但随着规模扩大，必须建立规范的财务管理制度。

其次，组建高水平的财会队伍。水平过硬的财会人员是确保公司财务制度得以正常运转的保障。

最后，要提升股东素质，严格遵守财务制度。很多公司财务混乱，主因是大股东或其他股东不按章办事，让财会人员无所适从，从而落下各种漏洞。

五、法律风险

随着人们法律意识的增强，初创企业很容易碰到一些法律方面的风险，但创业者却因为认识不到位或缺乏风险意识，并不清楚问题的严重性。

1．常见原因

法律风险，简言之就是企业在运营过程中，一切与法律相关的潜在风险。出现法律风险常见的原因有：企业有意或无意违反法律法规，侵犯第三方合法权益；未履行或不当履行合同义务；未采取措施以获得或保护其合法权益等。

2．解决办法

要解决上述法律风险，惯常的做法有三种：一是管理者必须有依法经营的正确理念。二是聘请专业律师审核对外合作事宜和合同。三是无论何种合同，都严格遵照法律法规和相关规章制度来拟定，从源头上消除各种潜在风险。

六、市场风险

无论是什么企业，都会直接或间接面对市场，这就会让企业面临各种市场风险。而与其他一些可以规避的风险所不同的是，市场风险是所有风险中最不可预判且必须面对的。

1．常见原因

市场风险是指一切与市场相关的各种风险。

出现市场风险常见的原因有：消费者的消费习惯和消费偏好发生变

化，市场需求发生重大变化，导致公司生产的产品或服务无法适应新的市场需求；市场环境变化，导致竞争格局发生重大改变，公司未能及时调整策略；市场上出现了新的竞争对手，对公司产品的销售空间产生挤压等。

2. 解决办法

解决市场风险的办法很多，但归根结底还是要求公司研发的产品或服务能够满足消费者需求或帮助客户解决实际问题。与此同时，还要做好售后服务以及提供更多高附加值的服务，以高质量和优质服务获得市场及客户的认可。

七、管理层内讧

在很多新闻报道中及我们身边，因为管理团队不团结，互相不爽或利益分配不均，最终一拍两散的案例实在太多了。为了尽可能地解决这个问题，还得依靠相应的制度进行约束。

1. 常见原因

管理层内讧，是指创业团队内部意见不统一或其他原因内耗产生的风险。管理者内讧常见的原因有：大股东过于强势，不尊重其他股东；股东之间严重对立；管理层经常意见不统一，无法形成合力；股东之间互相拆台，造成内耗等。

案例

卞林和两位大学同学合资创办了一家广告公司。之前，卞林是广告设计师出身，有一定的行业经验和客户资源。另外两位同学分别来自投资行业和印刷行业，是典型的行外人士。此外，在股份分配上，卞林出资最多，占股51%，另外两位股东合计持股49%。

很显然，卞林是大股东，属于相对控股。加上卞林个性比较强，在公司的大小事务上一向是说一不二，这也渐渐地让其他两位股东的怨言越来越多。

创业前期，公司有几单业务是卞林之前的资源。因为其他两位股东暂时拉不到业务，这让卞林更加有点忘乎所以。

不幸的是，因为工作上的疏忽，在一个大单上出现法律问题，公司最终赔偿了客户一大笔钱。而这个赔钱的项目在运作过程中，一位股东多次提醒过卞林，但卞林就是充耳不闻。

这件事情之后，公司的声誉受到影响，原本业务就不多，这下公司直接变得一蹶不振。公司成立不到一年，便以倒闭收场。

2. 解决办法

要解决管理层内讧带来的风险，可行的办法有以下几个：一是在战略上达成共识。二是有完善的制度保障。比如，当股东之间意见不统一时，如何最终决策，得有一套可执行的制度。三是在企业管理上改变过分依赖人治的状况。四是作为公司管理人员，一定要树立以大局为重、相互包容的意识。

如何进行风险评估

人人都厌恶风险，因为风险会让我们陷入遭遇某种损失的境地。因此，做企业自然要随时进行风险评估，尤其是创业初期，公司的风险承受能力很弱，创业者更应该把风险的辨识、分析和评价放在重要位置。

换句话说，创业者必须有一套自己的风险评估办法或体系。那么，何为风险评估呢？简单来说，风险评估，又称安全评估，是指在风险识别和估计的基础上，综合考虑风险发生的概率、损失幅度以及其他因素，得出系统发生风险的可能性及其程度，并与公认的安全标准进行比较，确定风险等级，由此决定是否需要采取控制措施，以及控制到什么程度。

那么，作为创业者，应该如何做好风险评估呢？风险评估包括哪些步骤呢？下面一一解析。

1．风险辨识

想做好风险评估，首先要进行风险辨识，即对企业的战略方向、各个业务板块、重大项目及业务流程进行立体扫描，查看有无风险以及存在哪些风险。

2. 风险分析

风险分析是指对已经辨识出的风险进行具体分析，包括对表面及深层次原因做出定量或定性分析。

3. 风险评价

风险评价是指对企业运营过程中可能存在或已经出现的风险进行综合评估，判断这些风险的大小，以及对企业运营及业绩目标的影响程度，并制定出应对措施。

可能有读者会问，有了风险评估，是不是就万无一失了呢？当然不是。因为风险无处不在，你解决了A风险，可能马上会出现B风险和C风险。此外，有些风险是你无论采取何种方式都无法完全规避的，如系统性风险，也就是那种因为大环境变化带来的风险。因此，风险评估的作用，不是杜绝风险，而是主动采取措施减少风险事项发生，或者把可能的损失控制在一定的范围内，尽量避免风险事项对企业正常运转产生致命威胁。

我们认为，作为创业者，可按照《企业内部控制应用指引》的要求，对公司主营业务和重要业务进行梳理，辨识风险，编制风险清单，建立风险管控制度，明确责任人，确保公司始终处在健康有序的发展轨道上。

案例

万洋是国内某名牌大学毕业的高才生。他自认聪颖过人、智商超群，平时在工作作风上比较霸道和自负。2017年，他和一位叫宋彬的发小共同创立了一家互联网公司。

根据分工，万洋是公司的大股东和董事长，负责公司战略决策；而宋彬是总经理，负责具体执行工作。

在万洋看来，自己在公司说一不二，而宋彬只是个中专生，为人老实，和他合作，肯定绝对安全。

公司成立前半年，两人的合作确实比较愉快，也做成了两笔比较大的业务。但随着时间推移，情况开始发生变化。

公司成立一周年左右时，万洋发现，他做的一些重大决策或者布置的任务，宋彬要么执行不到位，要么阳奉阴违，拖拖拉拉，公司业绩大幅下滑。

万洋以为是宋彬对自己有什么情绪或顾虑不便说出来，影响了工作效率。为此，他多次找对方谈话，希望宋彬敞开心扉，大家齐心合力把公司做好。但谈话的效果并不明显。

经过暗中调查，万洋才猛然发现，原来宋彬对他的工作方法很不满，早已把销售团队和客户资源基本掌握在自己的手里，随时准备另立山头。

此时，万洋终于发现，因为自己疏于管理，对身边暗藏的人才流失风险重视度不够，已经酿成了恶果。他很清楚，公司的销售精英就那么几个，一旦离职，对公司的发展影响会很大。他想把宋彬手下的销售骨干拉过来，但未能成功。

没多久，宋彬提出退股，带着自己的团队重新做了一家同行业的公司。而失去核心团队支撑的万洋，公司经营每况愈下，其后不到半年，公司最终关门大吉。

很明显，万洋对于公司可能隐藏的风险，既没有辨识，更没有分析和评估，公司最后走向倒闭并不令人意外。

很多风险看起来很像机会

我们听说过“危机就是危险中蕴藏着机会”这句话，也听说过另一句话，“风险总是和机会并存”。很多看起来像机会的选择，到底是风险还是机会，不同的人可能有不同的看法和做法，自然也会带来不同的结果。

作为创业者，最迫切的想法无疑是尽可能地找到业务，赚取利润，有钱了再说其他的。正因如此，他们最开始可能不会想太多，先干了再说。应该说，“先干再思考未来”，有时是无奈之举，也是很多初创企业的普遍做法。但我们还是要特别提醒，因为初创企业太过弱小，经不住任何风浪，更应该谨慎行事，务必遵纪守法，还要善于分辨各种风险。特别是很多看起来像机会的选择，其实是风险。

我们在日常工作和生活中，对这个问题可谓深有体会。别的不说，就以一个普通人的角度来看，在市场经济高度发展的今天，很多人都有过这种经历：电子邮件、微信、手机短信和QQ经常收到各种五花八门的消息，比如某某项目一本万利，只需手机操作，收益秒提现。那么，天上真的会掉馅饼吗？当然不会，这些所谓的机会只会让你掉进深不见底的陷阱。

那么，在哪些情况下，风险看起来很像机会呢？或者反过来说，在哪些情况下，看起来是机会，其实是风险呢？

1. 回报率超出正常水平

做任何一笔投资，都会讲求回报，但这种回报肯定要合理才行，一旦大幅超出正常水平，不用多想，里面大概率暗藏了风险。因为，现在没有哪个行业是所谓的蓝海，几乎都是红海。所谓红海，就是竞争激烈，同行互相厮杀，刀刀见血，自然也不可能存在高得离谱的利润和回报。比如，餐饮行业的净利润率通常为8%～10%，因为人员工资、食材、店面租金、水电等方面的成本会大幅压低净利润。如果有一天有人告诉你，说他有个很好的餐饮项目，除去各种开支，净利润能做到50%，想都不用多想，这种不正常的回报率大概率是骗人的。看起来是赚钱的机会，一旦投入，你可能血本无归。

2. 看起来赚钱但不熟悉的行业

隔行如隔山。为了确保创业成功，创业者务必要保持清醒的头脑，尽量选定自己熟悉且擅长的领域作为发展方向。即便这样，也不代表创业一定成功，但犯错的概率会大幅降低。要知道，很多看起来很赚钱，创业者却不熟悉的行业，一旦贸然闯入，是很容易“中箭落马”的。原因在于，每个行业都有行业规则和门道，外行人看到的只是表面，背后还有很多你看不到的东西。

可能有人会说，我熟悉的行业干烦了，想换个行业，跨界创业，难道就没有机会了吗？也不是。如果是这种情况，也还是有一定的技巧的。其中最简便的办法是找一个靠谱、信得过的人合作。这个人最好是你准备跨界创业的那个行业的专家。这种合作，可以降低一个人误打误撞带来的巨大风险。

3. 合伙人看起来很牛却不干正事

我们知道，无论做企业还是做事，归根结底还是做人。有的人，遇到一个能说会道的人，被他一鼓动，就想跟他合伙开公司赚大钱。殊不知，再伟大的公司也是从小公司一步步脚踏实地干出来的，而不是吹牛吹出来的。

可能有人会说，一个公司有个能吹牛、会忽悠的创业者挺好的。此话不假，这是对外而言。但如果是对内，几个股东之间，其中一个天天负责吹牛，把自己吹得神乎其神，就是不干正事，相信过不了多久这个创业团队就得散伙。所以，选择创业合伙人时，建议还是尽量选择靠谱的、做实事的，毕竟现在谁都不傻，靠忽悠打天下的时代已经过去了。所以，跟着这种只会吹牛的人创业，看起来是机会，其实背后暗藏危机，创业随时有可能失败。

案例

马可在装修行业做了10多年，也赚了一些钱。近些年，随着房地产行业受到政策打压，他的生意也没有之前那么好做了。加上装修行业比较辛苦，马可急于想转行。

一次，在某亲戚孩子的升学宴上，马可认识了一位做电商的老板段总。这位段总气宇轩昂，言谈举止非同凡响，一看就是见过大世面的人。

段总向马可讲了很多电商行业的暴富故事，还说自己有很多粉丝千万的主播朋友，然后极力邀请马可投资自己的公司。

马可在段总的一顿神吹之下早已如坠云里，欣然答应了段总的邀请。没过多久，马可就投入200万元现金，入股段总的电商公司，持股49%，出任公司总经理。

有了马可的资金注入，段总开始扩招队伍，还把公司上上下下装修了一番。但让马可感到焦急的是，他入股公司半年，却发现公司并没有什么业务。眼看着人员工资和房租不断在支出，账面上的资金所剩无几，他不断找段总商量对策，但段总却经常不来公司。而段总所说的当红主播，其实根本不是他的朋友。

经过一番打听，马可才知道，段总旗下有多家公司，而他入股的电商公司只是他旗下的公司之一，之前一直是空壳。这就相当于，这个段总只是把马可诱骗进了这家电商公司，他的主要精力还是放在自己的其他产业方面。至此，马可才后悔自己不该轻信他人，脑袋一热，进入了看似机会很多的电商行业，而他自己则完全不熟悉这个行业，又遇到一个不靠谱的合伙人，看来这次创业是必败无疑了。

果然，马可入股不到1年，200万元全部烧完，电商公司最终以倒闭收场。他辛苦多年积累下来的资金亏损殆尽。

善于把风险变成商机

前面说到，风险可以减少，但不可能完全规避。因此，作为创业者，应该锤炼出审时度势，善于把风险变成商机的能力。

当然，要真正把风险变成商机，确实是说易行难，不是每个人都能做到的。但作为创业者，随时都会面临新问题、新情况和新风险，努力把风险变成商机本就是工作中的常态。

而要想达到这个目标，创业者必须具备三种能力。

1. 分辨风险的能力

风险无处不在。所谓“人无远虑，必有近忧”，创业者一定要是多面手和解决问题的专家。创业者要在纷繁复杂的各种信息中分辨筛选出哪些是机会，哪些是正常信息，哪些又是风险。而在风险部分，创业者还得分辨哪些是近期风险，哪些是中期风险，以及哪些是远期风险，然后根据这些风险的轻重缓急提出解决办法。

2. 发现商机的能力

机会从来只留给有准备的人。所谓有准备，是指具备把握机会的能力。因此，作为创业者，你必须具备敏锐的眼光、超凡的决断能力，才能把握住属于公司的发展机会。或许，某些时候某些选择，在别人看来是风险，但在你看来却是机会。就像炒股，当某股从高点大幅下跌超过50%，绝大多数投资者会纷纷割肉离场，极少数精明的投资者会悄悄入场，在底部吃进便宜的筹码，坐等日后大涨。

3. 把风险变成商机的能力

有了分辨风险和发现商机的能力固然是好事，但还远远不够。如果创业者具有把风险变成商机的能力，必将使企业发展加速，有利于将企业做大做强。这是因为很多创业者可能是分辨风险和发现商机的高手，但却不具备把风险变成商机的能力，所以有很多企业会在风险较大或商机较少时，失去发展的动能，最终难逃倒闭的厄运。

当然，要做到这一点，对创业者的要求很高。创业者必须善于转变思维，不能抱残守缺。同时，创业者还得具备较强的专业素养，善于在细微处发现商机。比如，某处发现一座金矿，闻风而动的人们纷纷涌入挖矿，运气好的发财了，运气不佳的可能什么都没捞着，但在金矿边上卖铲子的、卖饭的、卖日用品的却都发了财。

案例

最近10多年，康丽一直在美容行业工作，积累了丰富的人脉资源和行业经验。2019年6月，她和之前的一位老同事联合成立了一家美容美发公司。公司业务涉及美容、美发、美体、形象设计、化妆品销售等。

公司成立后的几个月，凭借之前的各种资源，生意一度比较红火。但随着2019年底新冠肺炎疫情的出现，康丽的公司遭遇沉重打击。特殊时期，很多老客户都不敢出门了，线下消费一落千丈。

有人建议康丽，与其坐以待毙，不如积极应变，开通线上服务。但康丽自身文化程度不高，思维陈旧，总觉得自己可以长期做线下服务，不想做出调整。加上网上销售还得花钱请人开设小程序，费时费力，不如熬一熬，等疫情过去了，她相信客户自然会回来。

但她错估了形势。如今，消费者的选择太多了。你这里提供不了的服务，马上有人填补空白。因此，不过几个月时间，康丽的一些老客户，包括与她合作多年的大客户纷纷转而与其他商家合作。

在这种情况下，还没等到疫情结束，2020年10月，康丽的公司就撑不住了，宣告关门大吉。她和另外一个股东合计亏损了50多万元。教训可谓惨痛。